OS SEGREDOS DE LIDERANÇA DE PAULO

Recife-PE, 13 de novembro de 2005

OS SEGREDOS DE LIDERANÇA DE PAULO

Os conceitos de liderança de quem ajudou a mudar a história do mundo

JEFF CALIGUIRE

Traduzido por

Paulo Purim

Editora Mundo Cristão
São Paulo

Os Segredos de Liderança de Paulo
Categoria: Liderança & Gestão/Inspiração

Título original em inglês: Leadership Secrets of Saint Paul

Tradução: Paulo Purim

Preparação de texto: Ivan Volcov

Revisão: Vera Lúcia da Costa

Capa: Douglas Lucas

Diagramação: Idéia Dois Design

Impressão: OESP

A 1ª edição foi publicada em agosto de 2004, com uma tiragem de 5.000 exemplares.

Os textos das referências bíblicas foram extraídos da versão Almeida Revista e Atualizada, 2ª ed. (Sociedade Bíblica do Brasil), salvo indicação específica.

Dados Internacionais de Catalogação na Publicação (CIP)
(Câmara Brasileira do Livro, SP, Brasil)

Caliguirre, Jeff
Os Segredos de Liderança de Paulo/ Jeff Caliguirre ; traduzido por Paulo Purim. — São Paulo : Mundo Cristão, 2004.

Título original : Leadership Secrets of Saint Paul.
ISBN 85-7325-381-9

1. Liderança cristã 2. Paulo, Apóstolo, Santo I . Título

04-4221 CDD - 253.7

Índice para catálogo sistemático

1. Liderança de Paulo : Evangelização : Cristianismo 253.7
2. Paulo : Liderança : Evangelização : Cristianismo 253.7

Publicado no Brasil com a devida autorização e com todos os direitos reservados pela:

Associação Religiosa Editora Mundo Cristão
Rua Antonio Carlos Tacconi, 79 – CEP 04810-020 – São Paulo – SP – Brasil
Telefone: (11) 5668-1700 – Home page: www.mundocristao.com.br

Editora associada a:
- Associação Brasileira de Editores Cristãos
- Câmara Brasileira do Livro
- Evangelical Christian Publishers Association

Printed in Brazil
10 8 7 6 5 4 3 2 1 04 05 06 07 08 09 10 11

Sumário

Prefácio

Fomos feitos para realizar.

A ordem de exercer *domínio* – aprender, controlar, descobrir e criar – envolve parte do que significa ser criado à imagem de Deus. Nosso impulso de produzir valor e fazer diferença está profundamente entranhado na trama do nosso ser.

Não existimos, entretanto, apenas para desempenhar tarefas com êxito. Ao invés de serem o objetivo, as tarefas são uma ferramenta que Deus usa para nos moldar nos seres que ele deseja que sejamos: o objetivo *dele*. As tarefas são parte do processo através do qual ele nos forja.

E melhor é ser moldado de forma consciente:

- Encontrar pessoas na sua vida que você queira imitar.
- Observar o que está de fato motivando as suas ações.
- Estar atento ao seu coração, não apenas ao seu currículo.

Para você, como líder, é importante refletir não apenas no que está fazendo, mas também no que está se tornando.

Os Segredos de Liderança de Paulo, de Jeff Caliguire, foi escrito com você em mente. Foi projetado para ajudar você, que está envolvido no desafio da liderança, a examinar não apenas a sua estratégia, mas também os seus valores. A análise que Jeff faz do apóstolo Paulo, cuja paixão, missão e idéias continuam a moldar o mundo, foi elaborada para levar os leitores a se perguntar quais são as pessoas que mais fortemente as influenciam – ao mesmo tempo que descobrem um homem que ainda mobiliza mentes e o pensamento humano dois milênios depois de ter saído de cena.

Espero que você não apenas leia este livro, mas que reflita, persista e mude, porque certamente a vida de todos tocada por você experimentará a mesma mudança.

John Ortberg
South Barrington, Illinois

Introdução

Os Segredos de Liderança de Paulo flagra instantâneos e revela, num retrato, um tipo especial de líder.

Uma extraordinária classe de líderes, chamada "líderes de empreendimento", especialmente dotada, chamada e compelida para a tarefa de abertura de novos caminhos.

Os denominados líderes de empreendimento visualizam as coisas como elas podem ser e corajosamente se dispõem a transformar o *status quo*. Paralelamente, fazem uso de seu talento criativo para idealizar, iniciar ou expandir amplamente negócios, ministérios e outros modos de ajudar pessoas. Embora algumas vezes tomados por "excêntricos" por outros que ficam se perguntando o que os impulsiona, esses empreendedores criam trilhas de oportunidade para si mesmos e, possivelmente, para incontáveis outros.

Se você é um visionário, este livro o proverá com as ferramentas de que você precisa para, com sucesso, tornar o sonho realidade — e ainda aprender, crescer e um dia passar o bastão para outros. Se você é líder numa organização bem estabelecida, ele o suprirá com princípios valiosos para que você desenvolva os seus próprios talentos de liderança de empreendimento, ou aprenda a liberar o potencial dos líderes de empreendimento ao seu redor.

Você talvez já saiba disso, mas sejamos francos, a liderança de empreendimento não é para os de coração fraco. Na qualidade de quem fundou uma igreja em Boston, uma organização desportiva e uma companhia de consultoria focalizada em ajudar líderes de empreendimento e suas equipes a obter sucesso, tenho experimentado tanto a empolgação quanto os riscos associados a este estilo de vida. Gastei a maior parte de minha vida adulta buscando os recursos para suprir o apoio, as idéias e o encorajamento necessários a este chamado. Mais recentemente, busco sabedoria e inspiração em benefício daquelas almas corajosas para as quais tenho o privilégio de servir como consultor.

Num momento particularmente desafiador de minha carreira, me deparei com um homem a respeito de quem ouvira falar quase a vida toda. Ele era uma lenda no seu ramo, porém eu nunca havia pensado nele em termos de *insights* de negócios, ou como modelo exemplar de líder de empreendimento. Ainda assim, enquanto lia novamente a respeito dos pontos altos de sua vida, percebi que ele vivia no coração de um empreendimento em fase de lançamento que enfrentava dificuldades esmagadoras. Ele conduziu um projeto nascente à arena internacional sem capital algum e sem empregados. Seu empreendimento era ínfimo se comparado às forças dominantes do mercado, e ele teve de enfrentar tremenda oposição ao seu plano tanto dentro quanto fora da organização. Perigosas barreiras assomavam em muitos de seus mercados essenciais. De fato, a competição estava disposta a matá-lo — literalmente. Ainda assim, de alguma forma, seu planejamento foi bem-sucedido.

Não ouvi esse líder palestrando num *workshop*; não assisti ao seu vídeo. Li a sua história num lugar inesperado: as páginas da Bíblia.

CONHEÇA O APÓSTOLO PAULO — LÍDER DE EMPREENDIMENTO

Quase dois mil anos atrás, esse homem de Tarso, uma cidade costeira da Ásia Menor, ajudou a lançar um empreendimento que mudou a história do mundo. Num tempo anterior aos faxes, telefones celulares, *e-mail*, Internet e até mesmo tecnologia de impressão em larga escala, ele deixou fascinado um mercado desinteressado, produzindo fãs entusiastas.

Como conseguiu? Ele comprometeu a sua vida inteira à sua missão, usou de cada oportunidade para compartilhar a sua visão, investiu em líderes que despontavam e agüentou firme quando a maioria teria jogado a toalha. O resto é história.

Antes de ser Paulo ele era chamado de Saulo. Por ocasião de sua dramática conversão e subseqüente mudança de nome, havia apenas um pequeno grupo de seguidores dessa facção religiosa conhecida como o Caminho. Seus membros eram em parte camponeses, judeus pobres com pouca influência e acesso limitado ao poder da maioria não judaica do momento — os gentios. Apesar disso, depois de um encontro que modificou sua vida, na estrada para a cidade de Damasco, ele se dispôs a mudar essa situação, e foi bem-sucedido.

No espaço de poucas gerações, dizia-se desse líder de empreendimento e dos outros enviados (ou apóstolos) que eles estavam virando o mundo de cabeça para baixo. A flexível organização que eles estabeleceram manteve-se firme mesmo diante da perseguição e das tentativas hostis dos competidores de aniquilar o seu progresso. Ainda assim, o poderoso Império Romano ruiria, enquanto essa iniciativa prosperava.

Novos convertidos responderam aos milhões à mensagem espiritual deles. Igrejas locais, instituições educacionais, ministérios de assistência e redes de liderança se levantariam e cooperariam além das fronteiras geográficas, atravessando também linhas étnicas. Os pobres seriam alimentados, os doentes receberiam assistência e os nus seriam vestidos. Hospitais, casas de repouso e orfanatos brotariam em cidades, vilarejos e em algumas das nações mais pobres. E as cartas simples, porém profundas, de Paulo aos seus consumidores seriam lidas através do mundo e por milhares de anos no *best-seller* da história — a Bíblia.

Um Extraordinário Modelo de Vida

Enquanto lia e relia os escritos de Paulo e a sua história contada por outros, descobri um extraordinário modelo de vida e orientação para líderes. Comecei a ver mais claramente os segredos que o capacitaram de modo efetivo a lançar esse movimento. Os seus métodos de lançamento de novos alicerces foram brilhantes — e em sua maior parte transferíveis. Peguei minha caneta, meu diário e comecei a escrever. Perguntei a mim mesmo: *poderiam esses* insights *ser úteis a outros, dando início a ou liderando novas iniciativas hoje em dia?* Com minha visão aguçada e minha alma renovada pelo extraordinário exemplo e ensino do apóstolo Paulo, tive certeza de que a resposta era "sim".

Minha esperança é que, ao refletir nos princípios descritos nos capítulos seguintes, você descubra novos meios de transformar sonhos em realidade. Se tudo der certo, esses *insights* o capacitarão a evitar o choque de um imprevisto e o dano no que você mais quer proteger em sua missão. Oro para que, onde quer que você se encontre em sua jornada espiritual, cultive a sua alma e viceje em todas as áreas de sua vida.

Espero que você, como Paulo, complete um dia aquilo que começou, e possa dizer com confiança: "Cheguei ao fim da corrida. Mantive a fé".

1

Deseje algo mais

> E, lançando-o fora da cidade, o apedrejaram. As testemunhas deixaram suas vestes aos pés de um jovem chamado Saulo.
>
> At 7:58

As pessoas que conheciam Saulo teriam-no descrito como alguém apaixonado, trabalhador, articulado e muito inteligente — combinação de características praticamente imbatível. Ele era membro da ala austera e cumpridora da lei judaica conhecida como a dos fariseus. Seu estilo de vida exemplar qualificou-o a ser conhecido como um "hebreu de hebreus".

No cumprimento dos seus deveres religiosos, ele foi impecável. Dizia as suas orações com fervor, observava as festividades religiosas e estudava a lei judaica. Até mesmo o seu modo de vestir o identificava como um judeu devoto. Poucos teriam questionado o fato de que ali estava um jovem enérgico, inteligente e fiel.

Essas mesmas características provavelmente significavam que o jovem Saulo não era a pessoa mais agradável de se ter por perto. Quem gosta de passar o seu tempo ao lado de alguém censurador, rígido e com ares de superioridade moral?

A princípio, parece claro que Saulo estava determinado a ser uma peça-chave. Como fica claro pelos títulos que angariou em religião e na Lei, e pela sua ascensão aos círculos políticos numa idade tão jovem, ele se recusava a ser um mero espectador e deixar que a vida passasse. Sua alma não estava contente com o *status quo*. Se ele visse um topo de montanha, creio que o teria escalado. Se estivesse lutando numa guerra, teria pedido para ficar na linha de frente.

Na qualidade de judeu vivendo na cidade de Tarso no primeiro século, a linha de frente de Saulo eram as batalhas religiosas do momento. Quando um grupo proclamou que um homem chamado Jesus de Nazaré era o Salvador dos judeus há muito esperado, Saulo não pôde se conter. Ele se lançou no centro da ação a fim de esmagar o que acreditava ser uma blasfêmia. Embora ficasse apenas cuidando das capas das testemunhas do apedrejamento, Saulo assistiu a uma multidão furiosa apedrejar até a morte um dos seguidores de Jesus, um homem chamado Estevão. Não satisfeito em ser mero espectador, foi atrás de uma permissão para prender outros seguidores como inimigos do estado e do judaísmo.

> SAULO EXEMPLIFICAVA UMA QUALIDADE SEM A QUAL O LÍDER DE EMPREENDIMENTO NÃO PODE OPERAR: DESEJO ARDENTE.

Embora grandemente equivocado, o jovem Saulo estava à procura de alguma causa digna de suas habilidades e paixões. Ele possuia uma ânsia interna que não podia ser satisfeita com sobrevivência passiva. Ele acreditava que sua vida tinha significado, e estava numa busca para prová-lo. Saulo exemplificava uma qualidade sem a qual o líder de empreendimento não pode operar: desejo ardente.

No seu livro *Fast Company*, Keith H. Hammonds escreve: "Empreendedores de verdade são diferentes do restante de nós. Eles perseguem vidas ao extremo — idéias e expectativas extremas, cargas de trabalho extremas".[1] Soa familiar?

Se há dentro de você uma compulsão de empreendedor, o seu plano de negócios, o seu capital, o seu conhecimento dos consumidores e a sua grande idéia não são as coisas mais valiosas que você tem trabalhando a seu favor. A qualidade mais importante que você pode possuir é uma paixão ardente que o motiva a transformar o seu sonho em realidade — uma paixão que o faz disposto a assumir riscos, e que dá a você uma divina insatisfação diante do *status quo*.

A canção *The River*, do cantor de música country Garth Brooks, coloca a coisa da seguinte maneira: ele canta aqueles que não estão dispostos a "ficar sentados na margem da praia dizendo-se satisfeitos". Ao invés disso, "escolhem arriscar as corredeiras e ousam driblar a maré".[2] Em outras palavras, empreendedores deixam a sua zona de conforto e recrutam-se para a grande aventura — eles não são capazes de não ir.

Este traço de caráter é personificado em Saulo de Tarso. Desde a sua juventude ele possuía uma espécie de desejo e determinação teimosa, uma necessidade de se envolver. "Apenas a sua imensa capacidade intelectual já o teria tornado alguém a ser lembrado", diz o historiador de liderança J. Oswald Sanders.[3] Mas o cérebro de Paulo não ficava atrás de sua completa determinação. Ele era um homem destinado à grandeza.

Teddy Roosevelt articulou esse tipo de anseio de empreendedor quando escreveu:

O crédito pertence ao homem na arena, com a face desfigurada de poeira, suor e sangue, que peleja valentemente [...] que conhece o grande entusiasmo, as grandes devoções, que gasta a si mesmo numa causa digna, que na melhor das hipóteses conhece no final o triunfo de uma elevada realização, e na pior, se falhar, tendo pelo menos ousado grandemente, de forma que o seu lugar nunca será com aquelas almas frias e tímidas que jamais conheceram nem vitória nem derrota.[4]

Um espírito de aventura dessa natureza, entretanto, nem sempre acaba produzindo resultados positivos. Anos depois de sua conversão, o apóstolo Paulo refletia sobre o zelo da sua juventude. *Na verdade, a mim me parecia que muitas coisas devia eu praticar contra o nome de Jesus, o Nazareno; e, demasiadamente enfurecido contra eles, mesmo por cidades estranhas os perseguia.* (At 26:9-11). Desejo e ambição nem sempre são coisas boas. Quando desenfreados e não canalizados de forma apropriada, podem danificar e destruir.

O desejo pode ser redimido de forma a produzir coisas grandiosas para o nosso mundo; a generosidade para com milhões que passam necessidade, a descoberta e a propagação de tecnologias que salvam vidas, a criação de novos produtos e empregos, o estabelecimento de novas igrejas que vão ao encontro das necessidades espirituais dos famintos de coração. Se você ler o Novo Testamento perceberá que Deus não esmagou a porção ambiciosa de Saulo, forçando-o a tornar-se um mosca-morta passivo, esvaziado de desejo. Não; transformado por Cristo, Paulo canalizou essa energia, revestiu com amor o seu desejo, o seu zelo e desencadeou um dos maiores movimentos de todos os tempos — a Igreja Cristã.

> NEM TODA IDÉIA É DIGNA DO SEU INVESTIMENTO DE TEMPO E DE ENERGIA.

Nem toda idéia é digna do seu investimento de tempo e de energia. Algumas idéias de empreendimento são como as proezas iniciais de Paulo, façanhas em causa própria, cheias de "mim, eu mesmo e eu". Elas exibem pouca consideração com os outros e fazem muito estrago em seu caminho. Empreendedores desse tipo possuem uma inquietação humana que passa por cima de tudo na busca por dinheiro, poder e fama, não importando o que tenha de ser feito para se chegar até lá. Nós, no entanto, somos chamados para algo mais elevado.

Sim, há dias em que você se sente compelido a provar o seu valor e a usar os seus talentos para realizar algo dramático. A qual custo? Paulo demonstrou que existe um caminho melhor. Há um meio de pegar esse desejo ardente e trabalhar por algo que realmente faz diferença. Existe também um modo de realizá-lo que irá produzir vida em você e beneficiar a outros, ao mesmo tempo em que você coloca em uso os seus dons de empreendimento. Um meio que o capacita a cuidar de sua alma, ao mesmo tempo em que o melhor de você é colocado para fora. Ele não é guiado cegamente, mas produz vida da liberdade.

REFLITA

A semente de desassossego plantada na sua alma não estaria ali por alguma razão? Seria o caso de o seu desejo ser algo ao qual você precisa dar atenção?

2

CAINDO DO CAVALO

> Então, caí por terra, ouvindo uma voz que me dizia: Saulo, Saulo, por que me persegues?
> AT 22:7

NUM MOMENTO, ELE ESTAVA VIAJANDO arrogantemente numa campanha para suprimir sozinho o crescente movimento que afirmava que Jesus era o seu rei. No momento seguinte, estava com o rosto no pó, tentando imaginar o que o havia atingido. Uma cegante luz brilhou e uma trovejante voz do céu o desafiou: *Saulo, Saulo por que me persegues?* Outra tradução coloca dessa forma: *Por que você está dando coices nos aguilhões?* Numa linguagem atual, "quem você pensa que é?"

Pessoas tipo-Saulo-de-Tarso têm o potencial de realizar muito através de força de vontade e promoção pessoal. Saulo poderia muito bem ter entrado para os livros de História e criado uma trajetória ampla de influência pela mera força da personalidade e do *pedigree*. "Apenas a sua imensa capacidade intelectual já o teria tornado alguém a ser lembrado, mesmo se ele nunca tivesse se tornado cristão", disse o erudito e teólogo J. Oswald Sanders.[5]

Nascido na impressionante cidade mediterrânea de Tarso, uma das três grandes cidades universitárias da época (as outras eram Atenas e Alexandria), Saulo cresceu em meio a um grupo de elite de intelectuais. Convidado para receber treinamento aos pés do grande erudito judeu Gamaliel, Saulo se tornou rapidamente um *expert* em assuntos religiosos, legais e filosóficos. Com a idade precoce de trinta anos, é provável que ele já tivesse um assento na corte suprema civil e legal do judeus, conhecida como Sinédrio (ver At 26:10.) Saulo era bom e sabia. Ele tinha tendência a aproveitar-se de sua posição e conquistar oportunidades a qualquer custo.

Isso não aparece, hoje em dia, em muitos dos livros do tipo *Como Ser Um Sucesso*, porém a Bíblia afirma claramente que o orgulho e a autoconfiança podem ser úteis por um tempo — mas existe um caminho ainda mais elevado: a humildade, o serviço e a compaixão. De fato, lemos que *Deus resiste aos soberbos [...]* (1Pe 5:5). Ele enfrenta face a face aqueles que acreditam no "sou mais eu".

SAULO ERA BOM, E SABIA. ELE TINHA UMA TENDÊNCIA A APROVEITAR-SE DA SUA POSIÇÃO E CONQUISTAR OPORTUNIDADES A QUALQUER CUSTO.

Valorizando o oposto, Deus *[...] aos humildes concede a sua graça* (1Pe 5:5). A Bíblia adverte empreendedores arrogantes com as seguintes palavras:

Atendei, agora, vós que dizeis: Hoje ou amanhã, iremos para a cidade tal, e lá passaremos um ano, e negociaremos, e teremos lucros. Em vez disso, devíeis dizer: Se o Senhor quiser, não só viveremos, como também faremos isto ou aquilo (Tg 4:13-15).

O ensino de Jesus é claro, *quem quiser tornar-se grande entre vós, será esse o que vos sirva* (Mt 20:26). *[...] porque todo o que se exalta será humilhado; mas o que se humilha será exaltado* (Lc 18:14).

Isso não quer dizer que o dom do empreendedor de "fazer acontecer" não é valioso, ou que toda ambição é errada. É uma questão do coração: "Por que eu quero fazer isso"?

Humilhai-vos, portanto, sob a poderosa mão de Deus, para que ele, em tempo oportuno, vos exalte (IPe 5:6). Saulo de Tarso não deu ouvidos a esse conselho. Ele foi em frente a todo vapor, obcecado com a sua auto-imposta missão de erradicar todos os seguidores do Caminho de Jesus. *[...] recebi cartas para os irmãos; e ia para Damasco, no propósito de trazer manietados para Jerusalém os que lá também estivessem, para serem punidos* (At 22:5), ele relembra.

A reação de Deus ao orgulho de Saulo foi uma lição direta — luzes faiscando do céu, uma trovejante voz celeste e a pergunta, a atordoante pergunta: *Saulo, Saulo, porque me persegues?* Àquela altura, Saulo estava no chão, cego pelo brilho das luzes e esmagado pelo seu encontro direto com Deus. O independente e auto-suficiente Saulo de Tarso estava agora no pó, incapaz de ver. Lemos que ele *nada podia ver* (At 9:8). Foram outros que o conduziram até Damasco; ele deve ter achado isso extremamente humilhante. O começo do treinamento básico de Saulo, lição número um: "Não esqueça que Deus é Deus, e você não".

"O ego é um assassino impiedoso dentro de organizações, negócios, igrejas e iniciativas de empreendimento", ensina o autor e consultor Ken Blanchard. Ele deixa um rastro de

> "O EGO É UM ASSASSINO IMPIEDOSO DENTRO DE ORGANIZAÇÕES, NEGÓCIOS, IGREJAS E INICIATIVAS DE EMPREENDIMENTO."

destruição na alma de uma pessoa e na alma de uma organização. "Eu chamo o EGO de *Edging God Out*: Escanteando Deus", diz Blanchard. "O ego arrogantemente proclama: 'Eu sou todo-poderoso... eu sou Deus'. Existe um caminho melhor: um tipo diferente de liderança".[6]

Saulo não teria se alistado voluntariamente para essa que era a vanguarda em termos de crescimento pessoal para treinamento de liderança. Não era o tipo de coisa exatamente honrosa para se colocar num currículo. Ao contrário, era bastante humilhante — uma estocada divina. Paulo experimentou a oportunidade de ser derrubado do cavalo da auto-suficiência e da ambição cega e recebeu o convite de submeter-se ao plano maior projetado pelo próprio Todo-Poderoso. Tratava-se de uma submissão humilde à agenda de outra pessoa, uma chamada a deixar de batalhar pelo pessoal para perseguir um chamado — trocar a auto-realização por uma missão pelo bem da humanidade, o desejo de evidenciar o próprio valor por um humilde senso de motivação por amor. Foi uma mudança de "sou mais eu" para um desejo humilde de fazer diferença em favor dos outros.

Para alguns de nós essa jornada é um processo gradual e sutil. Com o tempo, acabamos reconhecendo a importância de investir nossas vidas naquilo que durará depois de nós. Acabamos percebendo que é, de fato, melhor servir do que ser servido, melhor dar do que receber. Se esse é você, se considere abençoado.

Já alguns precisam de uma boa surra antes de serem capazes de escutar. Somos habituados a fazer as coisas "do meu jeito". Aprendemos a tocar um sino e a esperar serviço. "Ei, só olha pra mim, tá?" Até que chega o dia em que caímos de um cavalo ou dois. Perdemos o emprego. A nossa firma cambaleia. Um amado vai embora. Cavalos que percebíamos como confiáveis e bem domados nos derrubam. Confusos, ficamos nos perguntando:

> *O que há de errado com esse animal? Por que esta dor? Por que essa poeira na minha boca? Quem apagou as luzes? Quem mexeu nas coisas por aqui? Deus, onde o Senhor está?*

É nesse ponto que nós, como Saulo, temos uma escolha. Podemos engolir em seco e continuar empurrando nossa agenda pessoal, talvez mais rápido, com maior ênfase e de forma mais radical ou render o nosso ego: podemos nos submeter a Deus. Ainda diremos: "Deus, aqui estou. Farei o que o Senhor quiser. Vou segui-lo e abandonar esse cavalo". Foi necessário um encontro dramático na estrada para Damasco, mas Saulo finalmente se rendeu. Isso revelou um novo futuro, mudando a vida dele e o curso da história para sempre.

REFLITA

Você tem sido derrubado de algum cavalo? No passado? Ultimamente? Será possível que ser derrubado do cavalo não é o fim? Poderia ser um começo?

3

Conheça o seu chamado

> Paulo, chamado pela vontade de Deus para ser apóstolo de Jesus Cristo, e o irmão Sóstenes.
>
> 1Co 1:1

Considere esta pergunta freqüente: "o que devo fazer de minha vida?" Paulo descobriu a resposta a essa pergunta depois dos dramáticos eventos na estrada de Damasco: *Vai, porque este é para mim um instrumento escolhido para levar o meu nome perante os gentios e reis, bem como perante os filhos de Israel* (At 9:15).

Aquilo para que Paulo foi chamado e aquilo que ele era foram uma só coisa — inseparáveis. *Paulo, chamado pela vontade de Deus para ser apóstolo de Jesus Cristo [...].* Não foi porque ele obteve um diploma, herdou o negócio da família ou escolheu a opção mais lucrativa. Não, isso *era* Paulo. Era uma expressão de quem Deus queria que ele fosse, e ele sabia.

Então o que pensar daqueles de nós que não tiveram um encontro divino dessa natureza, e ainda assim são equipados com dons e um desejo ardente de criar, estabelecer, inventar, supervisionar, ensinar ou escrever? E se não tivermos uma orientação clara?

O pai da igreja do quarto século, Eusébio, sustentava uma filosofia que é amplamente aceita hoje em dia. Ele descrevia a vida perfeita e a vida permitida. Ele afirmava que a vida perfeita é a daqueles que dedicam a si mesmos em tempo integral à oração, à contemplação, ao sacerdócio ou a um ministério de caridade. A vida permitida pertence àqueles com empregos seculares; artesãos, soldados, negociantes, líderes governamentais e mães. Como colocou o historiador e filósofo Os Guiness, os que vivem "a vida permitida têm acesso a uma espécie de grau secundário de devoção".[7]

Muitos hoje em dia estão, no entanto, descobrindo que alguém pode ser chamado a uma profissão, ao invés de um ministério. Meu amigo Matt descobriu ,depois de muitos anos de serviço como pastor assistente, que o seu chamado não era para pregar sermões. E sim para escrever código de computador! Ele diz: "Quando estou escrevendo código, posso sentir o sorriso de Deus. Eu não sentia dessa forma quando trabalhava na igreja". Martinho Lutero disse muito bem: "As obras dos monges e sacerdotes, por mais santas e árduas que sejam, não diferem nem um pouco à vista de Deus das obras dos rústicos trabalhadores do campo ou da mulher ocupada com as tarefas da casa".[8]

> Aqueles que descobrem os seus chamados dados por Deus passam a experimentar confiança e orientação dinâmicas que podem vir somente do próprio Criador.

Aqueles que descobrem os seus chamados dados por Deus

passam a experimentar confiança e orientação dinâmicas que podem vir somente do próprio Criador. A vida assume um novo propósito e torna-se carregada de um senso de adequação que vai além de qualquer desejo vão por glória ou sucesso. Isso liberta esses indivíduos a tornarem-se por inteiro aquilo que Deus os criou para ser, completamente vivos e energizados em tudo que fazem.

Por tempo demais, muitos têm estado satisfeitos em ter um emprego ou ganhar a vida, sendo o sucesso financeiro o objetivo primordial. Fazendo isso, tornaram-se pessoas que de fato não são, e isso não dá certo. Elas se sentem vazias, infelizes e deslocadas. Se isso descreve você, pode ser a hora de tomar um curso diferente de ação e passar a fazer o que você faz melhor. De fato, pode muito bem parecer fácil demais e nem mesmo parecer trabalho, mas é aquilo que você foi feito para fazer e ser.

Em seu livro *Let Your Life Speak*, Parker Palmer aconselha: "Antes de dizer à sua vida o que você quer fazer com ela, ouça o que ela pretende fazer com você". Palmer continua: "A questão vocacional mais profunda não é 'o que eu deveria fazer com a minha vida'? 'Quem sou eu?' e 'Qual é a minha natureza?'"[9] são as perguntas-chave. Frederick Buechner declara que o seu chamado é "um lugar em que o seu contentamento mais profundo vai ao encontro da necessidade mais profunda do mundo". Em outras palavras, é a sua praia.

Talvez você não receba a sua proposta com um sonoro e definitivo "faça isso" ou "vá para lá". Existem, no entanto, muitas pistas que podem ajudá-lo a descobrir do que se trata. Considere a sua personalidade. Em que você é bom? O que as pessoas que o conhecem falam melhor a respeito de você? Que tarefas produzem em você um prazer profundo e satisfatório?

O que você faz que produz bom fruto na vida de outros? Qual é o seu sonho? O que o faz sentir-se vivo?

Para Paulo, isso representava alcançar os gentios com a mensagem do evangelho, estabelecer novas igrejas, instruí-los e encontrar líderes para orientar. Paulo disse que ele era *constrangido* (At 20:22). Ele não podia recusar a sua tarefa. O seu trabalho fazia com que ele se identificasse consigo mesmo. Como Paulo, você talvez já conheça o seu propósito. O seu sonho é claro como cristal; ele compele você. Nisso, persevere. Não recue. Siga o Chamado.

Para outros de nós, as coisas talvez não estejam tão claras. Não conhecemos a experiência de abordar as coisas com propósito. Apenas fazemos as coisas porque outros acharam que deveríamos, porque eram lucrativas ou porque havia oportunidades de emprego. Sentimo-nos presos — presos a algo que não somos, passa dia, entra dia. Que desperdício é fazermos coisas que não fomos talhados para fazer. Sentimo-nos continuamente esgotados de energia vital, e ficamos imaginando se nos sentiremos dessa forma para sempre.

Você tem a oportunidade de expressar por completo o seu chamado, de gerenciar a sua própria carreira. Você pode descobrir a sua paixão mais profunda e fazer aquilo que libera a sua maior explosão de energia. Como no título do livro de William Bridges, você pode criar a *Você & Cia*. No mesmo livro, James Russell Lowell faz uma declaração profunda: "Ninguém nasce nesse mundo sem que o seu trabalho nasça com ele".[10] Você pode escolher uma profissão que reflita quem você realmente é, ao invés de viver como a definição do que você faz.

Como empreendedor, você provavelmente obtém grande satisfação criando algo novo, colocando processos em andamento ou vendo pessoas beneficiarem-se do seu trabalho. Você está descontente com o *status quo* e enxerga necessidades não satisfeitas e potencial não aproveitado. Você tem um desejo profundo de fazer algo diferente — mapear um novo curso ou ser pioneiro de uma nova tecnologia. Você percebe o que não está sendo feito e fica obcecado com essa idéia. *Por que ninguém está fazendo isso?* Ora, esse *alguém* bem que pode ser você.

> Você pode descobrir a sua paixão mais profunda e fazer aquilo que libera a sua maior explosão de energia.

Paulo engajou-se no seu chamado e, hoje, o mundo é um lugar diferente. O que poderá acontecer se você se engajar no seu? Qual seria o custo?

O seu propósito não precisa ter o enorme escopo do de Paulo, mas ele precisa ser um reflexo de você. Você deve aprender a respeito de quê e quem você realmente é, deixar para traz as praias seguras do sucesso estereotípico e mapear o caminho que Deus deu a você. Os riscos valem completamente a pena, porque foi para isso que você foi criado.

REFLITA

Quais são as realizações do seu passado a respeito das quais você se sente bem e das quais se orgulha? Em que as pessoas que o conhecem melhor dizem que você é realmente bom? O que você faria se tivesse todos os recursos necessários, uma garantia de que você não podia falhar, e um conhecimento de que Deus queria que você fizesse isso? O que o impede de fazê-lo?

4

Cresça no deserto

> Nem subi a Jerusalém para os que já eram apóstolos antes de mim, mas parti para as regiões da Arábia e voltei, outra vez, para Damasco.
>
> Gl 1:17

Paulo tomou o rumo do deserto árabe antes de engajar-se na obra de sua vida. O dinâmico, o ativista, tornou-se um recluso ao invés de correr à toda para pregar sua mensagem. Sabiamente, ele reconheceu as necessidades de sua própria alma — preparação, consagração e cura, — e alistou-se no campo de treinamento do espírito. O deserto fez exatamente aquilo que os desertos fazem — se deixamos.

Os desertos, literal ou figuradamente falando, apresentam desafios particulares àqueles que gostam de controlar o seu ambiente e manter as coisas confortáveis. "A imensidão do deserto esmaga tanto o poder quanto a fraqueza do homem", escreveu Ivan Illich.[11] Desertos não são conhecidos por serem divertidos, convenientes ou prazerosos. A mera sobrevivência requer esforço; a obstinação é colocada à prova.

> Os desertos, literal ou figuradamente falando, apresentam desafios particulares àqueles que gostam de controlar o seu ambiente e manter as coisas confortáveis.

Desertos são secos, empoeirados, quebradiços e estéreis — infindáveis e devastadoramente solitários. As cercanias são freqüentemente hostis, até mesmo perigosas. Enorme empenho é necessário para realizar qualquer coisa que seja.

Então por que ir até ele? O deserto pode domar a alma, se o permitirmos. Pode modelar de volta um *fazer* humano num ser humano. Precisamos perceber que não somos capazes de controlar todas as coisas. Quando renunciamos à noção de que somos meramente a somatória de nossa produtividade, a escala de valores muda. Resta pouco uso para todos os brinquedos e a riqueza que batalhamos para acumular. Nossos empregos não mais nos definem. Se o permitirmos, o deserto nos despirá de nosso orgulho e egocentrismo. Desenvolvemos uma pele grossa e um coração sensível. Percebemos que não há nada errado em se precisar dos outros, que podemos sobreviver com muito pouco. Mais importante, aprendemos que dependemos de Deus; e que, como ele está no controle, não precisamos estar.

A maior parte dos líderes de empreendimento visita o deserto vez por outra. Há inúmeros exemplos bíblicos, tais como o de Moisés, que fugiu para o deserto depois de matar um egípcio. Enquanto no deserto, Deus falou com ele através de uma sarça ardente. Davi, o grande rei de Israel, fugiu para o deserto a fim de escapar da morte pelo invejoso Saul. Lá ele escreveu um dos mais queridos salmos da Bíblia: *a minha alma tem sede de ti; (...) meu corpo te almeja, como terra ávida exausta, sem água* (Sl 63:1). Os profetas freqüentemente emergiam depois de temporadas no deserto. O próprio Jesus passou no deserto quarenta dias e quarenta noites, suportando penalizante tentação, antes de inaugurar seu ministério público.

Há outros e abundantes exemplos históricos do líder interior cultivado através de temporadas no deserto. Abraham Lincoln, um simples fazedor de estacas de cerca, gastava bastante tempo no deserto. Ele perdeu seu primeiro amor antes que os dois pudessem se casar, e em seguida perdeu uma eleição após a outra. Finalmente, no entanto, emergiu como líder de uma nação. Enquanto exerceu este papel, ele teve de suportar dor adicional com a morte trágica de seu filho Willie. Muitos atribuem a enorme resistência de Lincoln, diante da pressão, à sua capacidade de experimentar a perda e resistir.

Os historiadores interpretam a luta de Franklin Roosevelt com a pólio como o fator que o tornou sensível ao sofrimento dos outros. Diante da assustadora pressão dos bombardeios alemães, Winston Churchill ousadamente sustentou: "Toda a minha vida foi uma preparação para isso". Juan Trippe, o visionário criador do Boeing 747, acreditava-se capaz de projetar um avião que salvasse sua companhia da falência.

Em seu livro *Cartas do Deserto,* o escritor católico e monge do deserto, Carlo Corretto, compartilha o que o levou ao deserto:

> *O Senhor conduziu-me ao deserto real porque eu era insensível a esse ponto. Para mim era necessário. Toda aquela areia, no entanto, foi incapaz de apagar a sujeira de minha alma [...] Mas o mesmo caminho não é para todos. Se não puder ir para*

> *o deserto, você deve ainda assim 'produzir algum deserto' em sua vida. Deixar de vez em quando a companhia dos homens e buscar a solidão para restaurar, em prolongados silêncio e oração, a matéria da alma [...] O deserto, no entanto, não é o destino final. É um estágio na jornada [...] Nossa vocação é a contemplação nas ruas.*[12]

Temporadas no deserto são freqüentemente preguiçosas e improdutivas. Somos capazes de experimentar semanas, meses, até mesmo anos no deserto, perguntando a nós mesmos: "Onde foi que eu errei? Por que está tão difícil"? Podemos nos sentir isolados, solitários e abandonados. Ficamos imaginando se chegaremos a sair um dia dessa rotina esquecida por Deus.

Desertos são simplesmente difíceis.

Em última análise, os desertos nos ensinam o poder da simplicidade. Somos lembrados de que nem tudo gira ao nosso redor — que a responsabilidade de mudar o mundo não está sobre os nossos ombros. Que existe Alguém que ainda abre e fecha as portas do alto. Quando reduzimos suficientemente a velocidade, somos capazes de enxergar que *não só de pão viverá o homem* (Mt 4:4). Aprendemos que nosso valor não está baseado naquilo que fazemos, porque valemos infinitamente mais do que poderíamos em tempo algum realizar. Somos amados, e ponto final. A vida é um presente: desfrute-a!

Algumas vezes o deserto é menos óbvio, e nos sentimos simplesmente frustrados. Nós nos esforçamos, tentamos, atropelamos e lutamos — mas com pouco resultado. Ainda mais visivelmente, não parecemos capazes de realizar tudo que gostaríamos. Nossas listas e alvos permanecem inalcançáveis, e nos sentimos restringidos. Embora muita coisa possa estar acontecendo no interior, não vemos resultados tangíveis no exterior. Se cedemos, no entanto, nos tornamos menos dependentes das circunstâncias para sermos felizes; nos libertamos da necessidade de soluções simplistas e ajustes rápidos.

> Em última análise, os desertos nos ensinam o poder da simplicidade. Somos lembrados de que nem tudo gira ao nosso redor — que a responsabilidade de mudar o mundo não está sobre os nossos ombros.

Eu também odeio desertos! Algumas vezes refiro-me ao meu como sendo "a década entre 1992 e 1995". Eu era um confuso terminal! Depois de anos de aparentes sucessos e louvores externos, tudo parecia estar se desintegrando. As subvenções nunca se materializavam e a conta bancária definhava. Diariamente, eu lutava contra as vozes dentro de mim que diziam "eu te disse" e "isso é impossível". Eu não conseguia deixar qualquer trabalho do jeito que eu queria que ficasse — incluindo minha própria reformulação interna. Eu não podia contar nem com meus diplomas nem com trabalho duro. Embora soubesse que devia ser paciente, eu não era.

Paulo não evitou o deserto. Ele o enfrentou de cabeça e emergiu um líder e um ser humano melhores. Ele não queria aprender de segunda mão. Ele abraçou o seu deserto e não se evadiu da dor, das trevas, da solidão. É nesse ponto que as vozes zombeteiras se desvanecem. A compulsão reduz a marcha. A intensidade é substituída por simples fé — se deixarmos.

Quando você permite que os desertos o moldem, você libera e descobre uma nova capacidade de produzir fruto duradouro, e então, como Paulo, desenvolve a capacidade de suportar os altos e baixos da vida com fé e esperança.

Claro, a escolha é sua.

REFLITA

Você já enfrentou alguma experiência de deserto em sua vida? O que você aprendeu sobre si mesmo? Você tem a coragem de voltar ao deserto, se for necessário, para deslanchar algo novo?

5

Busque mentores

> Decorrido três anos, então, subi a Jerusalém
> para avistar-me com Cefas e permaneci
> com ele quinze dias.
>
> Gl 1:18

Hoje em dia os líderes estão famintos de mentores, aqueles que acompanham e compartilham da sua jornada e o que aprenderam. Mentores agem como guias. Eles não necessariamente dizem o que fariam se estivessem no seu lugar, mas ajudam-no a descobrir o que *você* deve fazer. Já foi dito que a pessoa comum aproveita apenas 10% do seu potencial. É óbvio que precisamos de mais mentores.

O dicionário Webster's define o termo *mentor* como "um conselheiro ou tutor sábio e fiel". Os mentores estavam presentes em muitas histórias antigas. Na *Odisséia* de Homero, por exemplo, a Odisseu é pedido que ele acompanhe o desenvolvimento de seu filho Telêmaco. Exemplos mais recentes da figura do mentor são apresentados na série de filmes *Guerra nas Estrelas.*

Aqueles que estão numa jornada, freqüentemente buscam orientação abalizada de outros que já percorreram aquele caminho. Os exploradores Lewis e Clark recrutavam nativos americanos como guias na sua exploração do Oeste. Aqueles que escalam o monte Everest contratam os *sherpas* nativos para guiá-los pelas perigosas encostas acima. Quando nos dispomos a explorar nossas próprias terras distantes, buscamos aqueles que estão dispostos a dividir o que já aprenderam e que gastarão tempo para perguntar "como está indo?". Precisamos de que eles ouçam o que temos a dizer — o bom e o ruim, nossas descobertas e questões mais profundas. Como disse o autor Eugene Peterson, buscamos "pessoas com as quais possamos estabelecer contato, não apenas ser observados".[13]

Desde o começo Paulo buscou mentores. Embora possuísse como fariseu um manancial de conhecimento intelectual e treinamento na Escritura, ele viajou até Jerusalém para encontrar-se com Pedro e *permanecer com ele quinze dias* (Gl 1:18). É possível imaginar as valiosas discussões que tomaram lugar nesses quinze dias. Com toda a probabilidade, Paulo perguntou a respeito da experiência de Pedro durante a sua convivência de três anos com Jesus, de sua vida como apóstolo e do modo como a igreja operava. Imagino-os conversando sobre o que funcionava e o que não na propagação da Mensagem. Certamente, Paulo compartilhou com Pedro a sua experiência de conversão.

Paulo se cercava sabiamente de líderes experientes como Barnabé e, mais tarde, Priscila e Áquila, uma equipe de marido e mulher a respeito de quem Paulo disse: *Os quais pela minha vida arriscaram a sua própria cabeça* (Rm 16:4). Antes de lançar-se na sua própria missão, está registrado que ele viveu entre outros líderes e profetas em Antioquia.

O sábio autor de Provérbios escreveu: *Os planos mediante os conselhos têm bom êxito; faze a guerra com prudência* (Pv 20:18). Em outras palavras, busque aconselhamento, obtenha pareceres externos. Enfatizo a palavra externos, porque aqueles mais próximos a você podem ter dificuldades em permanecerem objetivos. Eles podem não querer lhe dizer a verdade. Podem ter envolvimento nas conseqüências.

O sábio autor de Provérbios escreveu: Os planos mediante os conselhos têm bom êxito; faze a guerra com prudência (Pv 20:18).

Então, onde estão os mentores hoje em dia? Onde estão esses homens e mulheres de mais idade que podem oferecer direção, perspectiva e a si mesmos? Como você pode reconhecer um mentor? Fiz eu mesmo essas perguntas. E também choraminguei: "Já não restam mentores por aí. Estou aqui por mim mesmo. Por que ninguém quer me mentorear"?

Finalmente minha esposa Mindy me disse:

— Jeff, você já orou pedindo um mentor, ou já pediu a alguém para mentorear você?

Respondi:

— Bem, hum... na verdade, não. Mas tentarei — eu disse a ela, acreditando apenas parcialmente que minha oração fosse respondida.

Três semanas mais tarde, encontrei-me sentado no outro lado de uma mesa com Bruce, um experimentado líder de empreendimento, escritor e consultor. Foi como se as luzes se acendessem.

— Bruce — pedi nervosamente, — pode parecer uma questão meio estranha, mas você estaria disposto a que continuássemos a nos encontrar? Talvez numa espécie de relação de mentoreamento? Estou aprendendo tanto com você. Eu adoraria dar continuidade a essa relação.

Ele pensou por um momento. Prendi a respiração.

— Jeff — ele disse — seria uma honra.

Quase seis anos depois, Bruce é ainda um amigo muito chegado e um mentor que se reúne comigo a cada dois meses, e conversa por telefone a cada duas semanas. Depois daquele encontro inicial com Bruce, comecei a me reunir regularmente com outra pessoa, Jim, como meu mentor espiritual. Professor de educação física, Jim se encontrava comigo a cada duas semanas para conversar sobre questões espirituais, cuidados de pai e ministério de empreendimento. Sinto-me profundamente devedor a esses dois homens, e Mindy também.

A maior parte dos mentores não vem a nós, e você normalmente não tropeça neles. Eles são buscados. Devemos estar dispostos a encontrar esses indivíduos e simplesmente pedir. Os mentores surgem de todas as idades e das mais diversas ocupações. Hoje em dia alguns mentores fizeram carreira como mentores pessoais ou executivos, porque gostam de ajudar os outros a serem bem-sucedidos. Da mesma forma que um atleta profissional se beneficia enormemente do trabalho de um treinador, pessoas comuns podem beneficiar-se do trabalho de um mentor.

A maior parte dos mentores não vem a nós, e você normalmente não tropeça neles. Eles são buscados.

Quando vocês se encontram pessoalmente ou por telefone, não há necessidade de se seguir um programa ou agenda formal. Compartilhe o que está acontecendo em sua vida e com as suas iniciativas. Fale honestamente sobre suas lutas, obstáculos e avanços — e em seguida *ouça*.

É essencial encontrar um ambiente seguro para se processar as discussões. *"O aconselhamento tornou-se uma profissão,"* diz o psicólogo Larry Crabb, *"não apenas por causa da qualificação, mas por causa da segurança [...] Os psicoterapeutas sabem de uma coisa. Quando você está sofrendo, ajuda conversar com alguém em quem você possa confiar".*[14]

Os melhores mentores e treinadores facilitam justamente isso — um ambiente seguro para processar. O propósito não é determinar-se o que o mentor faria, mas ajudar você a descobrir o que poderia fazer, o que é certo para você.

A química também é importante. "O aconselhamento pode funcionar de forma espantosa [...] se a química for certa", disse um professor de administração da Universidade da Califórnia.[15] Procure alguém por quem você se sinta atraído e tenha uma entrevista com essa pessoa. Você se sente seguro com ela? Você a respeita? Se for esse o caso, priorize o tempo para passarem juntos. Compartilhe o que está acontecendo e ouça o que ele ou ela tem a dizer.

REFLITA

De que benefícios você poderia desfrutar se tivesse um mentor ou mentores em sua vida? Quem você já conhece que tem o perfil de mentor ou instrutor? O que você precisa fazer para encontrar um mentor? O que você pode fazer para se tornar mais *ensinável* para o seu mentor?

6

Seja enviado

> Então, jejuando, e orando, e impondo sobre eles as mãos, os despediram.
>
> At 13:3

O chamado à liderança de empreendimento nos tira da segurança do que já existe para o território desconhecido em que estabelecemos algo novo. Ele envolve lançar novos alicerces onde ninguém havia ainda construído, ir aonde outros jamais teriam sonhado ir. Isso nos levará, por vezes, a lugares hostis e estranhos. Outras vezes ele simplesmente introduz uma mudança no *status quo*. Pode ser num lugar ou numa organização. Talvez se trate de um projeto desordenado que parece estar emperrado ou sem vida. Qualquer que seja o caso, envolve risco. Temos de perseverar; pode haver um preço alto a ser pago.

Como se não bastasse, muitos *não* irão com você. Poderá haver ocasiões em que você se sentirá solitário e incompreendido — freqüentemente pelas pessoas das quais você esperava ajuda ou por aqueles que desejava que se mostrassem seus aliados. Eles talvez questionem a sua sanidade. "Você tem certeza de que está fazendo a coisa certa"? Logo você mesmo poderá estar se perguntando se está fazendo a coisa certa e não perdeu o caminho.

Você precisará de uma base — um grupo de apoio, aqueles que sabem o que você está fazendo e se importam. Que acreditam em você, na sua visão, e o estão apoiando por trás. Eles o conhecem e se importam com o seu sucesso. Eles se preocupam se você está saudável e em bom estado — espiritual, emocional e fisicamente. Eles perguntam como você *realmente* está e o ouvem de fato.

Já foi dito que seria sábio se cada pessoa tivesse o seu conselho administrativo pessoal ou, como meu amigo Dave os chama, uma diretoria de vida. Eles são mais do que uma junta que supervisiona o seu trabalho ou as suas iniciativas; porque o ajudam a conduzir a sua vida. Eles agem como uma caixa de ressonância, um espelho, e dão a você uma saudável dose de realidade. Ao entrarem em território não mapeado, líderes de empreendimento precisam disso talvez mais do que qualquer outra pessoa.

> JÁ FOI DITO QUE SERIA SÁBIO SE CADA PESSOA TIVESSE O SEU CONSELHO ADMINISTRATIVO PESSOAL. ELES SÃO MAIS DO QUE UMA JUNTA QUE SUPERVISIONA O SEU TRABALHO OU AS SUAS INICIATIVAS; ELES O AJUDAM A CONDUZIR A SUA VIDA.

O conselho é um grupo de pessoas que o amam profundamente, mas não o temem. Eles dizem a verdade e estão dispostos a dizer palavras duras. Apesar disso, eles não tentarão reprimir o seu sonho ou amarrá-lo a *status quo*. Eles provêm um ambiente seguro para o compartilhamento de idéias, oportunidades e possibilidades; um espaço para dividir o bom e o ruim, as confusões, bem como os desapontamentos e os maus dias. Eles são o seu porto seguro; são amigos de verdade.

Poucos meses atrás, perguntei a um homem que já servira como presidente e diretor executivo de uma grande corporação tecnológica, no nordeste dos Estados Unidos, quais haviam sido os maiores desafios que ele havia enfrentado. "A coisa mais triste," disse ele, "foi não ter pessoa alguma com quem compartilhar. Senti-me sozinho. Gostaria de ter podido mudar isso".

Paulo tinha um grupo de apoio desde o princípio. Os líderes da igreja de Antioquia confirmaram o chamado dele (junto com o seu parceiro Barnabé) como válido diante de Deus. Eles o liberaram para cumprir o seu chamado. Eles se posicionaram atrás dele e impuseram suas mãos sobre ele como símbolo de sua solidariedade. Então, depois de uma temporada fora, Paulo voltou à base que o havia conduzido e forneceu-lhes um relatório de atualização:

> *Ali chegados, reunida a igreja, relataram quantas coisas fizera Deus com eles e como abrira aos gentios a porta da fé* (At 14:27-28).

Deve ter sido uma tremenda recepção de boas-vindas. Aquelas pessoas se importavam com o que eles estavam fazendo, ao contrário da maioria que encontravam no campo. Eles, com toda a probabilidade, compartilharam os altos e baixos, sucessos e contratempos.

Se você ainda não deslanchou a sua iniciativa de empreendimento, comece a desenvolver essa base-mãe. Você pode até mesmo dirigir-se àqueles em quem confia e que o conhecem bem, e buscar a bênção para aquilo no qual você está a ponto de embarcar. Isso é especialmente importante se você está para empreender um esforço espiritual. Compartilhe o seu sonho, a sua visão do futuro. Peça a eles que providenciem alguém a quem prestar contas; que sejam um espelho, refletindo de volta a você o seu progresso. Encoraje-os a fazer perguntas difíceis. Convide-os a ajudá-lo a manter suas prioridades alinhadas, venha o que vier. Peça-lhes para escrutinar o modo como você cuida de sua alma, de sua família, de sua saúde física.

Uma nota de precaução: alguns que não são chamados a serem líderes de empreendimento podem não compreender a sua visão ou o seu chamado, considerando-o perigoso, excessivamente ambicioso ou frívolo. Ouça-os, mas use de discernimento. Os temores desses são fundamentados ou não? Se eles mesmos não são empreendedores, poderão ser incapazes de imaginar como alguém poderia fazer o que você está fazendo. Esses podem não ser os seus melhores conselheiros. Você deve procurar outros líderes de empreendimento em busca da opinião deles.

No outro extremo está dar início a alguma coisa sem apoio e sem ter sido enviado. Alguns ignoram as advertências dos seus conselheiros. Hoje recebi a notícia de mais um empreendedor do tipo estabanado que está afundando em dificuldades depois de três anos de confusão, desencorajamento e adversidade. A sua visão inicial, de criar em todo o país centros de difusão de esportes radicais, era ousada e promissora. Ele idealizou centros em várias partes do país. Dispôs-se à tarefa de levantar milhões de dólares em capital e recrutar pessoas-chave para a sua organização. Ele possuia uma grande visão, mas admite ter tido inicialmente pouca paciência para desenvolver uma equipe de suporte antes de começar. “Acontece que está demorando muito mais do que pensei”.

Nenhuma parcela de apoio ou de incentivo pode aplainar por inteiro o caminho, ou assegurar o sucesso, porém mal não vai fazer. Você pode obter informação vital que irá poupá-lo de muita dor, e os mesmos que o enviaram podem provê-lo de apoio inestimável no futuro.

> NENHUMA PARCELA DE APOIO OU DE INCENTIVO PODE APLAINAR POR INTEIRO O CAMINHO, OU ASSEGURAR O SUCESSO, MAS MAL NÃO VAI FAZER.

Algumas vezes temos de ouvir a voz da sabedoria, que diz: “Não faça alguma coisa só por estar fazendo alguma coisa. Sente aí. Seja paciente”. Compartilhe a visão e o sonho, mas espere até que aqueles ao seu redor o confirmem, o enviem, se posicionem ao seu lado e na sua retaguarda. Quando tiver isso, vá! Seja um agente de mudança e viva o seu chamado.

REFLITA

Você tem um grupo para apoiá-lo e desafiá-lo em sua nova empreitada? O que você está esperando?

7

Satisfaça suas necessidades

> Sabemos que, se a nossa casa terrestre deste tabernáculo se desfizer, temos da parte de Deus um edifício, casa não feita por mãos, eterna, nos céus.
>
> 2Co 5:1

O apóstolo Paulo percebeu que o seu chamado era para satisfazer uma necessidade espiritual. As pessoas buscavam um sentido para a vida. Procuravam uma razão para ter esperança no futuro. Paulo fazia vendas diretas; seu mercado era constituído por aqueles cujas *casas terrestres* (corpos) seriam *desfeitos* (através da morte). Ele comunicava aquilo que poderia satisfazer as necessidades deles: o céu. E dizia à sua audiência como alcançá-lo e qual o seu significado.

Paulo era um homem compelido. Ele se descrevia da seguinte forma: *Porque ai de mim se não pregar o evangelho!* (1Co 9:16). Ele era incapaz de *não* satisfazer as necessidades espirituais daqueles ao seu redor. O seu salário não era medido em dólares e centavos, mas num sentimento de realização que para ele não tinha preço. Ele sabia que estava levando a cabo a sua missão; ou seja, satisfazia uma necessidade. Paulo não precisava de um salário para motivá-lo; o chamado o impelia adiante, capacitando-o a permanecer acima das circunstâncias difíceis. *Em tudo somos atribulados, porém não angustiados; perplexos, porém não desanimados* (2Co 4:8).

Como já foi mencionado, Frederick Buechner escreveu: "O chamado é um lugar em que o seu contentamento mais profundo vai ao encontro da necessidade mais profunda do mundo".[16] Algumas vezes ele o faz chorar. Outras vezes ele o deixa tão empolgado que você não consegue ficar quieto, sentado. Você golpeia a própria mão cerrada. Você não consegue evitar. Como Emerson colocou, de forma menos emocional, tudo que você quer é "deixar o mundo um pouco melhor".[17]

Hoje em dia muitos de nós estão buscando propósito além de nossos salários. Já tentamos alcançar o sucesso a todo custo, e isso deixou-nos frustrados. Queremos encontrar satisfação não apenas num trabalho bem realizado, como também num trabalho feito com um propósito mais elevado. Ir ao encontro de necessidades reais enquanto permanecemos verdadeiros a quem Deus nos fez para sermos — isso é que é sucesso.

> IR AO ENCONTRO DE NECESSIDADES REAIS ENQUANTO PERMANECEMOS VERDADEIROS A QUEM DEUS NOS FEZ PARA SERMOS — ISSO E QUE É SUCESSO.

Perguntei a um homem que havia iniciado um bem-sucedido negócio de planejamento financeiro, que conselho daria para outra pessoa que estivesse começando um negócio. Ele pensou por um instante, e depois disse: "Fixe sua atenção no número de pessoas que está impactando — não no sucesso financeiro. Isso fez toda a diferença para mim". E continuou: "Tenho ajudado centenas de pessoas a alcançarem independência financeira".

Um jovem, mas experimentado empreendedor que oriento me disse: "Sinto-me tão sujo por algumas coisas que já fiz. Estou pronto a ter certeza que meu coração estará puro com relação às coisas que eu fizer no futuro". Uma consciência limpa é vital para se experimentar verdadeira gratificação.

Tom Chappell, fundador da *Tom's of Maine*, disse algo semelhante:

> *Algo dentro de nós quer permanecer além dos lucros acumulados, e esse algo é nossa alma (...) Na Tom's of Maine fazer o bem está no centro do nosso negócio. Fazer o bem é, na verdade, a razão pela qual o estamos fazendo com tanto sucesso (...) Dispor-se a ser o produtor de menor custo, só faz sentido se você se dispuser a ser quem provê também a melhor qualidade; os consumidores exigentes de hoje requerem ambas as coisas.*[18]

Líderes de empreendimento têm a oportunidade de colocar em andamento estratégias, processos e organizações que podem satisfazer necessidades reais. Eles podem produzir uma incalculável quantidade de bem no mundo. Detêm o potencial de criar produtos, serviços, agências e sistemas inestimáveis, que tornam o mundo um lugar melhor para se viver. Eles desenvolvem publicações, material educacional e divulgam informação. Provêem alimento, vestimenta, abrigo e lazer. Satisfazem a demanda por novas tecnologias, aparelhos que podem salvar vidas, idéias de investimento e ministérios de assistência às pessoas em sofrimento. As necessidades do nosso mundo são imensas. O líder de empreendimento tem a oportunidade de satisfazer essas exigências. Como disse Tom

Chappell: "Você não tem de vender a alma para produzir cifras [...] De repente, encontrei um modo de gerenciar tendo em vista o lucro e o bem comum".[19]

"Os outros pensam que somos malucos", disse um empreendedor que está atualmente trabalhando na garagem de um amigo, criando dispositivos médicos para assistir vítimas de derrame. "Eles nunca fariam o que estamos fazendo, mas o derrame é a terceira maior causa de morte. Sinto que estamos chegando a algum lugar aqui. Quero usar minhas capacidades e meu conhecimento para fazer algo a respeito". Ele prosseguiu: "Alguns empreendedores são motivados pelo ganho financeiro, outros por glória [...] Essas coisas me interessam de alguma forma, mas estou acima de tudo interessado em satisfazer uma necessidade. Sinto-me compelido a isso".

Essa satisfação das necessidades não implica que os líderes de empreendimento não devam receber reconhecimento por assumirem o risco, ou recompensa com lucro razoável. Já ouvi dizer: "Não vivemos para respirar, mas vivemos respirando". Na mesma linha, não trabalhamos pelos lucros, mas não podemos viver sem eles. Trabalho de significado envolve muito mais do que lucro. Se não há em nossas mentes razões para fazermos o que estamos fazendo, podemos estar precisando de um recesso. Por que não imaginar fazer a coisa que faríamos, mesmo se não fôssemos pagos para fazê-la? Essa pode se mostrar, no fim

> Por que não explorar fazer a coisa que faríamos, mesmo se não fôssemos pagos para fazê-la?

das contas, uma daquelas situações em que todos têm a ganhar!

Quais são as necessidades que você se sente compelido a satisfazer? O que faz o seu sangue correr e o leva a golpear a mesa com o punho cerrado? Você, seu produto ou sua idéia vão ao encontro de alguma necessidade real? Você é capaz de articulá-la numa palavra ou numa frase? *Se essa iniciativa de empreendimento não fosse bem-sucedida, qual seria o prejuízo para o mundo?*

Perceba então que você pode ser as mãos e pés de Deus e satisfazer essa necessidade aqui na Terra. Você e sua organização podem ser a resposta a esse problema. Podem ser aqueles a gerar a alegria de uma criança? Podem criar um modo de alimentar os desabrigados ou estabelecer uma comunidade para os solitários? Quando tudo estiver concluído, seu legado viverá em e através das vidas que foram tocadas por você.

Satisfaça necessidades reais.

REFLITA

Quais são as necessidades que você se sente compelido a satisfazer? O que faz o seu sangue correr e o leva a golpear a mesa com o punho cerrado? Você, seu produto ou idéia vão ao encontro de alguma necessidade real?

8

Abra mão do que você não é

> Segundo a graça de Deus que me foi dada,
> lancei o fundamento como prudente
> construtor; e outro edifica sobre ele.
> Porém cada um veja como edifica.
> 1Co 3:10

No apóstolo Paulo descobrimos um homem bastante inteligente e capaz, o qual deliberadamente abria mão daquilo que não era. Ele sabia em que era perito: *Lancei os fundamentos como hábil construtor*. Ele conhecia também as suas limitações, áreas em que outros eram mais hábeis. *Outra pessoa está construindo sobre ele*.

Paulo sabia que havia sido chamado para plantar igrejas, mas compreendia onde o seu chamado terminava e o de outros começava. Ele não ia ficando para liderar as igrejas que havia plantado. Paulo e seu parceiro Barnabé, *promovendo-lhe, em cada igreja, a eleição de presbíteros, depois de orar com jejuns, os encomendaram ao Senhor em quem haviam crido* (At 14:23). Eles confiavam a seus nascentes rebanhos a tarefa de cuidar e instilar liderança em outros.

Fica evidente que Paulo era talentoso em muitas áreas. Sabia ensinar, pregar, debater, organizar, escrever e servir como meio de cura. Embora tenha recebido seu chamado de maneira dramática, percebia que isso não significava haver sido chamado para tocar sete instrumentos. Ao contrário de alguns líderes dominadores, Paulo nunca buscava a luz da ribalta. Ele via a si mesmo como servo. Sabia quem era e aquilo que havia sido de forma única chamado para fazer: *sou embaixador* (Ef 6:20) da mensagem de Deus aos gentios. Uma vez que completava a sua tarefa, de boa vontade passava o trabalho àqueles chamados para levar a igreja à etapa seguinte. Paulo abria mão daquilo que não era.

Parte do nosso papel como líderes de empreendimento envolve um movimento contínuo em direção a fazer o que fomos criados singularmente para realizar. O evangelista D. L. Moody, do século XIX, dizia: "Dê-me um homem que diga uma coisa e faça, não essas cinqüenta nas quais estou envolvido".[20] Isso não quer dizer que não haverá temporadas em que teremos de ser versáteis a fim de levar a cabo determinada missão, mas se somos tentados a fazer mais e mais, essa poderá ser hora de simplificar. Espere até que alguém esteja amadurecido para assumir e, em seguida, delegue. Nós fazemos a nossa atribuição; os outros; a deles.

PARA MUITOS DE NÓS O DESAFIO É DEIXAR DE TENTAR APERFEIÇOAR ÁREAS QUE NÃO REPRESENTAM NOSSOS PONTOS FORTES.

Para muitos de nós o desafio é deixar de tentar aperfeiçoar áreas que não representam nossos pontos fortes. Certo líder de empreendimento que dirige duas companhias disse ter percebido que precisava tirar o nariz da tarefa do empregado.

> *"Contratei um homem capaz para comandar uma das companhias", ele me disse. "Depois fiquei dizendo a ele o que fazer. Acho que deixei o sujeito maluco! Depois que ele foi embora percebi que eu havia me tornado o gargalo da companhia. Embora ele fosse bom no que fazia, simplesmente não fui capaz de abrir mão do controle".*

Paulo ensinava o princípio espiritual de que nossas fraquezas talvez não sejam tão contraproducentes quanto parecem. Elas nos ensinam que somos parte de um planejamento superior. Percebemos que Deus é Deus, e que nós não somos. Com freqüência nosso trabalho mais significativo vem à tona, a despeito de nossas fraquezas. Em meio ao seu próprio e doloroso conflito, Paulo diz que Deus o lembrou: *A minha graça te basta, porque o poder se aperfeiçoa na fraqueza. De boa vontade, pois, mais me glorifiquei nas fraquezas, para que sobre mim repouse o poder de Cristo* (2Co 12:9). Ele reconheceu: *Porque, quando sou fraco, então, é que sou forte* (v. 10). Na medida que ele abria mão do que não era, Deus compensava.

Em treinamento, levo meus clientes a uma dinâmica que os questiona a respeito do próprio talento de cada um deles, perguntando:

— Quais as três coisas que você faz realmente bem? Quais as coisas que você gosta de fazer e quer continuar fazendo?

Anoto essas coisas no lado direito de um pedaço de papel. Em seguida, solicito que pensem em três áreas do trabalho as quais poderiam de bom grado delegar a alguém para desempenhá-las tão bem ou melhor que eles mesmos. Escrevo essas coisas no lado esquerdo do papel.

— O que isso revela a você? — pergunto então.

Freqüentemente surgem como resposta: "Preciso estar disposto a abrir mão do controle das coisas à direita, para que possa dedicar mais tempo e energia às coisas à esquerda".

Depois de realizar essa dinâmica com um indivíduo de vinte e poucos anos, percebemos de imediato que no seu papel de empreendedor, ele gastava pelo menos 80% do seu tempo e uma desmedida quantidade de energia no lado da equação que requeria menor brilho. Avaliamos esses itens:

1) recrutar pessoal para uma visão;
2) administrar/organizar listagens, projetos, etc;
3) gerenciar o trabalho de outros.

Sabe como ele se sentia a respeito do seu trabalho? Ele o odiava e se sentia esgotado. "Penso em desistir diariamente", ele admitia. As suas áreas de brilho geravam novos modos de fazer as coisas, escrever e aconselhar pessoas na base do um-a-um. Suas áreas de fraqueza requeriam 80% do seu tempo e a maior parte de sua energia, deixando-o sem reservas para fazer as coisas de que gostava.

Alguns poucos meses depois, ele tomou uma decisão dramática. Corajosamente, entregou seu emprego a outro e foi trabalhar numa organização maior, concentrando-se em suas áreas de habilidade. Recentemente, recebi um *e-mail* seu contando o quanto ama a sua nova vida. Ele compartilhou que gasta agora a maior parte de seu tempo escrevendo novo material para jovens, guiando-os como mentor e estudando. Ele descreveu o seu trabalho de agora como *fantástico, divertido* e *liberador*. Ele não sente mais a angústia de tentar ser o que não é.

Como Paulo, você também pode mover-se no sentido de gastar a maior parte do seu tempo enfocando os seus pontos fortes; o seu chamado. O plano é você fazer o que você faz melhor, e deixar os outros fazerem o resto. Muito embora os resultados possam não ser imediatos, com o tempo você ganhará mais e mais energia para levar a cabo o seu chamado com excelência. Um bom plano é colocar o alvo de operar nas suas áreas de habilidade 90% do seu tempo.

> O PLANO É VOCÊ FAZER O QUE VOCÊ FAZ MELHOR, E DEIXAR OS OUTROS FAZEREM O RESTO.

Permita que outros assumam as áreas em que você careça de habilidade. Compartilhe com eles o que você sabe e dê-lhes espaço. Deixe o *design* com artistas gráficos. Empregue contadores para gerenciamento das finanças. Traga gente de fora para fazer o *marketing*. Quaisquer que sejam as áreas, escolha perseguir a excelência, abrindo mão do que você não é.

REFLITA

Quais são as coisas que roubam a sua energia? Quais são os seus maiores pontos fortes? Você tem um plano para obtenção de ajuda nas áreas em que não se encontra bem, a fim de maximizar seus pontos fortes?

9

Comece

> E logo pregava, nas sinagogas, a Jesus, afirmando que este é o Filho de Deus.
> At 9:20

Há muita gente com grandes idéias, mas poucos que peguem o seu sonho e transformem-no em realidade. A disposição para começar faz a diferença. "O que quer que você faça, ou sonhe que possa, comece. A audácia tem um enorme potencial e mágica em si", disse Johann von Goethe.

Sim, há um tempo para análise e um tempo para planejamento. Há tempo de ser paciente, mas acaba chegando a hora de se fazer uma tentativa. O próprio Jesus encorajava o assumir riscos. *O reino dos céus é tomado por esforço, e os que se esforçam se apoderam dele* (Mt 11:12). O tom do texto certamente não advoga a passividade.

Meu amigo Vance é um iniciador. Ele é um notável empreendedor que promoveu a *Goldmine Software* a um enorme sucesso. Mais recentemente, ele e Steve Smith fundaram em conjunto uma organização sem fins lucrativos chamada Fundação do

Coração, e ele agora promove regularmente retiros de transformação para líderes de negócios.

À medida que conheço Vance, fico impressionado com a sua disposição em mover-se para o futuro. Ele vê uma oportunidade e diz: "Vamos explorar isso". Vance toma conhecimento de um congresso em Nova Iorque e planeja para estar presente.

É como se Vance tivesse um sexto sentido para oportunidades em que a sua missão converge com o mundo ao seu redor. Quando isso acontece, ele age. Falando francamente, as pessoas são atraídas pela sua liderança. Em menos de um ano, a sua organização sem fins lucrativos atraiu numerosos recrutas e voluntários que se mudaram para Colorado Springs, a fim de juntar-se à sua equipe.

Como disse Albert Schweitzer: "O exemplo não é apenas a principal coisa que influencia os outros. É a única coisa".[21] William Wallace, cuja vida foi narrada com sucesso no filme *Coração Valente*, motivou seus compatriotas a levantar-se contra os ingleses que desejavam esmagar a Escócia: "Filhos da Escócia, (...) vocês vieram para lutar como homens livres, e homens livres é o que vocês são". Wallace desafiou-os a começar... mesmo com o risco de suas próprias vidas, e ostentando o rosto pintado de azul e o sotaque irlandês, gritava:

> *"...e, morrendo em suas camas, daqui a muitos anos, você estaria disposto a trocar todos os dias, desde este dia até aquele por uma possibilidade, apenas uma possibilidade, de voltar aqui e dizer aos nossos inimigos que eles podem tirar as nossas vidas, mas nunca poderão tomar a nossa liberdade!"*[22]

Em Eclesiastes, a Bíblia também convoca à atividade. *Tudo quanto te vier à mão para fazer, fazê-o conforme as tuas forças*

(Ec 9:10). Na linguagem de hoje: "Não fique aí sentado! *Vá atrás!*" No mesmo verso ainda aprendendo a motivação para tal atividade:

"NÃO FIQUE AÍ SENTADO! VÁ ATRÁS!"

Porque no além, para onde tu vais,
não há obra, nem projetos,
nem sabedoria alguma.

Em outras palavras, depois que você morreu, morreu. Recordo-me das palavras de um patinador olímpico ouvida há alguns anos: "Não morra se perguntando".[23] William Wallace se colocou melhor em suas clássicas palavras: "Todo homem morre, mas nem todo homem verdadeiramente vive".[24]

Requer-se sabedoria para discernir se é chegada a hora de agir ou se estamos apenas sendo impacientes. Quando finalmente chega a hora de deslanchar, ela vem acompanhada de uma sensação de alívio. É hora de fazer as coisas andarem.

O escritor John Ortberg deu ao seu livro sobre fé o título *Venha andar sobre as águas*.[25] O título em si já é cativante, e representa uma verdade com a qual todos os líderes de empreendimento podem se identificar. Você não consegue visualizar Jesus convidando Pedros contemporâneos a andar sobre áreas debaixo das quais não há terreno sólido. Existem momentos em que não há outra escolha se não confiar. Eles nunca andaram sobre a água, e a idéia parece ridiculamente impossível. No relato bíblico, Pedro pede segurança: *Se és tu, Senhor, manda-me ir ter contigo, por sobre as águas.* Jesus respondeu: "Venha" (Mt 14.28:29).

Certamente há boas razões para não se aventurar nas águas arriscadas do empreendimento, mas o medo do fracasso não

> CERTAMENTE HÁ BOAS RAZÕES PARA NÃO AVENTURAR-SE NAS ÁGUAS ARRISCADAS DO EMPREENDIMENTO, MAS O MEDO DO FRACASSO NÃO DEVERIA ESTAR ENTRE ELAS.

deveria estar entre elas. O medo já foi definido como "falsa evidência que parece fundamentada". Você precisará fazer uma crítica análise de alma. Você está lidando com o medo, ou apenas precisa de mais fé? Sente medo do fracasso ou a iniciativa é de fato impossível? Está com medo de parecer tolo ou precisando de conselho sábio? Teme perder dinheiro ou precisa ser mais rígido na contenção de despesas? Pergunte a si mesmo que oportunidade você estaria perdendo se nunca desse início a esse projeto. Como isso afetaria você, os outros e o mundo?

O apóstolo Paulo era um ousado iniciador. Ele agarrava cada dia e suas oportunidades. Em Antioquia da Pisídia foi feito um convite geral: *Irmãos, se tendes alguma palavra de exortação para o povo, dizei-a* (At 13:15). A frase seguinte já revela o único que agiu: *Paulo; levantando-se e fazendo com a mão sinal de silêncio disse: Varões israelitas e vós outros que também temeis a Deus, ouvi* (v. 16).

Em Atos 16:10 aparece outro exemplo de Paulo em ação. *Assim que teve a visão, imediatamente, procuramos partir para aquele destino*. Quando a oportunidade se apresentava, Paulo estava pronto para agir. Como resultado, em Antioquia da Pisídia *e divulgava-se a palavra do Senhor por toda aquela região* (At 13:49). Na Macedônia ele plantou igrejas-chave em Filipos, Tessalônica, Beréia e outros lugares. Hoje em dia grande parte dos orfanatos, igrejas, negócios e governos existem simplesmente porque alguém escolheu agir e recusou-se a recuar ou desistir.

Você pode ter deixado de agir no passado. Nós hesitamos. Não é sempre que nos movemos adiante com coragem. Talvez não estivéssemos prontos. Poderia o momento ser agora? Não seria agora a ocasião perfeita para os bens que você tem a oferecer? Não seria o caso de que a única coisa a qual se encontra no seu caminho é você?

Se for assim, pode ser a sua hora. Hoje pode ser o seu dia — o dia de lançar-se em águas desconhecidas. Planeje o melhor que puder, mas tome o rumo da água. Faça uma tentativa. "Não morra se perguntando".

REFLITA

O que você pode fazer hoje para dar a partida aos seus sonhos?

10

SEJA UMA DAQUELAS PESSOAS

> Rogo-vos, pois, eu, o prisioneiro no Senhor,
> que andeis de modo digno da vocação
> a que fostes chamados.
>
> EF 4:1

PERIODICAMENTE ENCONTRAMOS PESSOAS cujas vidas falam mais alto que suas palavras. Eles vivem o que dizem; praticam o que pregam. São exigentes com sua vida e não se acomodam à mediocridade. Ao invés disso, vivem pelo que acreditam e normalmente levam outros em seu rastro.

Um certo palestrante se referiu a eles como "aquelas pessoas". "Aquelas pessoas" encarnam um ideal e criam legados que perduram. Sim, "aquelas pessoas" são raras, mas existem e vivem de uma maneira abrangente e completa. São pró-ativas em sua abordagem existencial, e impedem que a vida se imponha sobre elas. Eu quero ser esse tipo de pessoa. E você?

Paulo percebeu um importante princípio de desenvolvimento humano: as pessoas podem escolher ou não viver à

> É POSSÍVEL SER ABENÇOADO COM INACREDITÁVEIS TALENTOS, HABILIDADES, OPORTUNIDADES E EDUCAÇÃO E, AINDA ASSIM, NÃO ACEITAR O PRÓPRIO DESTINO.

altura do seu potencial. É possível ser abençoado com inacreditáveis talentos, habilidades, educação, oportunidades e, ainda assim, não aceitar o próprio destino. É como um indivíduo certa vez me desafiou: "Por que você está dirigindo como um fusca enferrujado quando Deus fez de você um Porsche"? Em outras palavras, não aceite uma identidade menor.

Com freqüência, Paulo se referia a outras pessoas de um modo que refletia o seu elevado *status* em Cristo; filhos de Deus, povo escolhido, herdeiros. Por causa da obra de Cristo eles tinham a oferecer algo de que o mundo precisava.

Paulo era certamente uma "daquelas pessoas". Ele não se limitava a viver uma vida sem riscos; ele a vivia com toda intensidade. Ele tinha uma mensagem para propagar e um trabalho a fazer. Conhecer Paulo era conhecer a Mensagem. Ele era um homem aturdido diante do amor de Deus, e que oferecia a sua vida em sacrifício como exemplo.

Po isso, aqueles convidados *a viver uma existência digna do seu chamado* receberam uma carta de Paulo enquanto ele estava preso por causa de sua fé. *Com toda humildade e mansidão, com longanimidade, suportando-vos uns aos outros em amor* (Ef 4:2). Teria sido difícil, quando não impossível, levar essas palavras a sério se o seu autor houvesse desistido quando as dificuldades começaram a surgir. Mas não: Paulo, além de compartilhar uma mensagem, a vivia. Ele sabia que começava nele.

Na manhã de hoje, fui convidado por dois jovens homens de negócios a tomar café. Enquanto nos conhecíamos e compartilhávamos histórias, percebemos que nossas vidas haviam sido impactadas pelo mesmo homem nos últimos dez anos; Larry Clark. Ele era uma "daquelas pessoas". Larry havia perdido a vida tragicamente há alguns anos, num acidente de ônibus. Enquanto nos revezávamos, compartilhando nossas experiências na convivência com Larry, logo percebemos ser ele alguém a quem queríamos imitar. Larry acreditava na possibilidade de criar uma comunidade entre líderes, e o tinha feito em nome de cada um de nós. Ele percebia uma necessidade e a satisfazia realizando contatos estratégicos. Até mesmo o fato de nós três estarmos juntos era resultado de sua influência.

Na verdade, as visões mais puras fluem do nosso mais profundo interior. As maiores realizações resultam do que estamos dispostos a moldar ou, possivelmente, daquilo que somos incapazes de deixar de moldar; nossas paixões, desejos e dons.

Paulo visualizava uma comunidade de cristãos tocada pela graça e chamada para servir — pessoas que se sacrificariam umas pelas outras, uma comunidade como a que Jesus havia criado com seus discípulos. *Tal como o Filho do homem, que não veio para ser servido, mas para servir e dar a sua vida em resgate por muitos* (Mt 20:28).

Nosso mundo está buscando líderes que demonstrem um caminho novo, que vivam de convicção e inspirem através de seus atos. Francisco de Assis colocou da seguinte forma: "Pregue o evangelho. Se for necessário, use palavras". Estamos cansados daqueles que dizem uma coisa e fazem outra, ainda assim vemos isso em nossas próprias vidas, e percebemos que não é desse jeito que a vida foi feita para ser vivida. Existe um

> Nosso mundo está buscando líderes que demonstrem um caminho novo, que vivam de convicção e inspirem através de suas ações.

caminho melhor.

Não empreenda uma iniciativa somente porque ela gerará lucros ou criará empregos. Faça-o porque você conhece a força do produto, porque experimentou pessoalmente os seus benefícios e porque você o viu satisfazer uma necessidade. Ao abraçar o seu papel de proponente principal ou batedor, você descobrirá que virão à tona força e segurança interiores — uma motivação que irá levá-lo adiante nas noites mais escuras e nos mais fortes vendavais. Com essa confiança você encontrará descanso certo, ao mesmo tempo em que observará a alegria de outros que se beneficiarão de seu produto ou serviço. É algo a respeito do qual você se sentirá muito bem, porque já experimentou e passou no teste.

REFLITA

Você já foi além dos seus talentos para abraçar quem Deus o fez para ser? Você já comprou o seu produto?

11

Deixe crescer

> Eu plantei, Apolo regou; mas
> o crescimento veio de Deus.
>
> 1Co 3:6

Paulo sabia que, às vezes, o seu trabalho de empreendedor era só isso mesmo — trabalho. Requeria tediosos cansaço e esforço. *E isto conforme o Senhor concedeu a cada um*, escreveu ele (1Co 3:5). A tarefa de Paulo era plantar a semente. Metaforicamente ele arava o solo, arrancava o mato, quebrava as pedras e espalhava a semente. Pode-se dizer que ele fazia sondagem, dava acompanhamento, enfrentava objeções e entregava o produto.

Por vezes o trabalho de Paulo exigia o apoio de outros. Apolo regou, ele escreveu. Em outras palavras, Apolo completou o trabalho de enxada intelectual quando Paulo foi embora. *Aconteceu que, estando Apolo em Corínto, Paulo, tendo passado pelas regiões mais altas, chegou a Éfeso* (At 19:1).

Embora o trabalho de Paulo fosse vital, ele percebeu algo que todo líder de empreendimento deve compreender. Chega

> CHEGA A HORA EM QUE DEVEMOS SIMPLESMENTE ABRIR MÃO DO RESULTADO E CONFIAR NO PROCESSO DE CRESCIMENTO.

a hora em que devemos simplesmente abrir mão do resultado e confiar no processo de crescimento. *Deus dá o crescimento*, escreveu Paulo. Havia esse dado completamente fora do seu controle. Isso é "coisa de Deus", trabalho divino: a parte que apenas Deus pode fazer.

Quando eu tinha oito anos de idade, conduzi minha própria experiência ao crescimento. Cavei um buraco junto à nossa varanda, em Nova Jérsei, e com cuidado plantei algumas sementes de milho, cobrindo-as com terra. Reguei-as com um balde e fiquei observando — e observando — quase o dia inteiro. Eu planejava em algum momento desenterrá-las, mas acabei esquecendo. Fui realizar outras coisas, deixando de pensar naquilo. Um dia, acidentalmente, descobri uma coisinha verde surgindo do solo em que eu havia plantado as sementes. Era um milagre! O milho havia brotado mesmo! Ali estava — meu primeiro pé de milho. Eu era um fazendeiro. Entrei correndo em casa.

— Mãe, venha ver! Mãe, venha ver! Veja o que eu fiz nascer!

Quando se trata do avanço de empreendimentos, há um tempo de trabalho e tempo de espera, um tempo de plantio e um de paciência, um tempo de investimento e de descanso. O autor de Eclesiastes escreveu: *Tudo fez Deus formoso no seu devido tempo* (Ec 3:11).

Muitas das coisas mais bonitas da vida requerem tanto espaço quanto tempo. A criatividade exige tempo e lazer, solidão e descanso, agendas descompromissadas e escrivaninhas limpas. Um bom exemplo é a história contada por Henry Ford.

Informaram-lhe a respeito de um empregado que estava com os pés sobre a escrivaninha.

— Aquele homem não está trabalhando!

— Aquele homem gerou milhões de dólares não trabalhando — replicou Ford.[26]

Com freqüência, períodos de relaxamento e serenidade produzem as nossas melhores idéias — quando saímos para uma corrida, trabalhando no jardim ou desenvolvendo outras atividades. As idéias simplesmente fluem do nosso mais profundo interior, como que vindas do nada. Tenho pensado amiúde nessas palavras e nas do escritor de liderança Ken Blanchard, que disse numa conferência em Boston: "Pouco me recordo de haver escrito *O Gerente-Minuto!* Foi meio que uma experiência espiritual"![27]

Um best-seller de Mihaly Csikszentmihalyi descreve o processo que ele chama de "fluir". Os atletas se referem a esse estado como "a área". É um lugar de esquecimento do próprio eu, no qual inexiste pensamento ou preocupação de qualquer espécie; por que há um envolvimento completo ou integral com o que se está executando. Um compositor descreveu-o da seguinte forma:

> *Você mesmo está num estado de êxtase a tal ponto que sente como se não existisse. Já experimentei isso vez por outra. Minha mão parece vazia de mim mesmo, e eu mesmo não tenho nada a fazer a respeito do que está acontecendo. Fico só ali sentado num estado de assombro e deslumbramento. E [a música] flui por si mesma.*

Na vida real o nosso melhor rendimento, nossa melhor idéia e nossa maior criatividade fluem quando nos encontramos num

> NA VIDA REAL O NOSSO MELHOR RENDIMENTO, NOSSA MELHOR IDÉIA E NOSSA MAIOR CRIATIVIDADE FLUEM QUANDO ESTAMOS NUM ESTADO DE ABANDONO, UM ESTADO DE RELAXAMENTO TOTAL.

estado de abandono e relaxamento total. Abrimos mão de nossa preocupação com o produto e deixamos Deus dar o crescimento. Deixamo-nos fluir com a maré e aproveitamos a viagem. Entramos na onda.

Tanto sei estar humilhando como também ser honrado; de tudo e em todas as circunstâncias, disse Paulo (Fp 4:12). Ele fazia o que podia, mas em seguida abria mão de todos os projetos e possibilidades sobre os quais não tinha influência ou controle. Ele realizava a sua parte, plantando as sementes — sementes que se espalharam por todo o mundo.

Talvez não vejamos quem plante a semente, regue-a, arranque as ervas daninhas e a faça crescer. Desconhecemos quem adquire nosso produto, lê nossos livros, leva adiante a nossa visão ou desenvolva a organização, porém fazemos a nossa parte — e em seguida observamos as coisas crescerem.

REFLITA

Você já chegou a um ponto em sua vida que sabe ter feito tudo que poderia fazer para ser bem-sucedido — e está confiando em Deus a respeito dos resultados? Você arranja tempo para relaxar, entregar os pontos e deixar a sua criatividade fluir?

12

Deixe-se levar por sua paixão

> Enquanto Paulo os esperava em Atenas,
> o seu espírito se revoltava em face
> da idolatria dominante na cidade.
>
> At 17:16

O dicionário Webster's define paixão como "uma emoção intensa, uma ação irresistível". O léxico do meu computador relaciona o conceito a palavras como desejo, ânsia, fascínio e afeição.

Você talvez não esteja habituado a falar sobre as suas paixões; esse ponto, no entanto, é crítico para o líder de empreendimento. É o motor que nos impulsiona adiante, a força atômica que devemos canalizar. É o que nos mantém vivos e superando os obstáculos quando outros já teriam desistido há tempos. É o combustível liberador de nossa criatividade e a inspiração para atrair a outros.

A escritora Lynne Hybels compara o valor de nosso engajamento com a paixão, a deixar-se levar pelo vento quando se aprende a prática do windsurfe. Ela descreve a força invisível do vento, mas não pergunta se pode confiar nele. É só pegar o vento e deslizar na água, certo? Parece fácil, mas quando sobe a bordo da prancha pela primeira vez, você tenta controlá-a com as suas pernas, enquanto procura manter-se em pé; você hesita. A prancha é instável e vacilante. Quando o vento sopra você fica tenso, agarra-se com mais força até que começa a perder o equilíbrio — e cai na água.

A chave do windsurfe é a confiança na força do vento, deixando-se levar por ele! Você passou muitos anos acreditando que, ao inclinar-se muito para trás você caía; mas agora, quando o vento sopra, você deve reclinar-se nele. Confie no vento. Relaxe e não tente forçosamente manter o equilíbrio. Acredite nas leis da gravidade e na força do vento.

As paixões são como a força invisível daquele vento. Como diz o Dr. Steve Lake a respeito do assunto:

> *"Ela faz o seu coração bater mais rápido e o sangue fluir depressa nas suas artérias. É o DNA espiritual embutido no âmago do seu ser. É a brasa enfraquecida que se arroja em chamas com uma rajada repentina de vento".*[28]

No windsurfe, como na vida, chega a hora em que você tem de assumir o risco e deixar-se levar por ele. Você descobrirá aquilo que representa a sua maior paixão. Vá atrás e pare de se desculpar. A muitos de nós foram ditas (ou dissemos a nós mesmos) coisas como: "Se é isso mesmo que você *quer* fazer, não dá para chamar de *trabalho*"; "Mantenha a sua paixão sob controle"; "Você pode cair de cara no chão, por isso não se arrisque". Quer tenha sido a formação incutida em nós, quer tenham sido as palavras de alguém que nos disse para permanecer na trilha costumeira, acabamos reprimindo aquilo que nos liberaria para voar por entre as ondas.

O que atiça as brasas dentro de você?

A paixão de Paulo estava relacionada a indivíduos que não tinham convivência alguma com Deus. Quando se deparava com a superstição dessas pessoas, demonstrava sua paixão e chamado. Paulo perguntava o que eles faziam e por quê. E compartilhava a sua mensagem: *O Deus que fez o mundo e tudo o que nele existe, sendo ele Senhor do céu e da terra, não habita em santuários feitos por mãos humanas* (At 17:24). O mesmo homem enérgico que se dispôs a erradicar o cristianismo usou seu estilo confrontador para expor falsos deuses e ensinar a verdade.

Te admoesto que reavives o dom de Deus que há em ti (2Tm 1:6). Deixe-se levar pelo que está dentro de você. Dons e paixões não se iniciam em sua exuberância completa; precisam ser colocados em uso e desenvolvidos continuamente. É provável que você já esteja atuando em sua área de paixão de alguma forma. Você provavelmente não consegue evitar. É atraído por certos assuntos, pessoas ou necessidades. Determinadas conversas podem mantê-lo acordado a noite toda. Certos acontecimentos o estimulam à ação.

Tenho um amigo cuja paixão é a pena de morte. Ele me envia o tempo todo artigos e informações a respeito do assunto. Ele pergunta se já pensei mais sobre a matéria, ou se li o material que me mandou. Ele apela para o meu senso de perdão. Quando conversamos sobre o assunto, o nível de energia dele dispara.

Meu irmão Todd é apaixonado por política. Ele crê que uma democracia verdadeiramente representativa exija um maior número de cidadãos comuns envolvidos no governo; por essa razão advoga ardorosamente a campanha por limitações de mandato. Ele decidiu não se candidatar a um novo mandato, para se manter fiel a suas convicções. Outras pessoas pensam que ele está cometendo suicídio político, mas Todd dá de ombros e orienta-se por sua paixão.

Embora possa não parecer de imediato evidente para você, muitas das suas paixões foram formadas no seu passado. Algumas provavelmente originaram-se na sua infância. Elas podem advir daquilo que o Dr. Steve Lake chama de experiências de pico, ocasiões em que você se sentiu verdadeiramente vivo e entusiasmado com a vida.

Outras paixões podem ter se originado durante suas experiências de *fossa* — quando você experimentou dor, perda ou pesar. Quando se sai da *fossa*, a sua paixão pode ser mostrar a outros o caminho para a saída, ou como evitar a dor por completo.

Talvez você descubra certas coisas que o incomodam, mas não perturbam outros; ou quem sabe você se mostre sensível até às lágrimas, embora isso deixe outras pessoas indiferentes. "Toda vez que você se surpreender com lágrimas nos seus olhos, especialmente as inesperadas, é bom prestar a elas a maior atenção", diz o escritor Frederick Buechner.[29] Todos esses dados são indicadores de sua paixão. Reflexões sobre os picos e as *fossas* — estrelas e cicatrizes — podem levá-lo a descobrir que a sua paixão está gravada diretamente na história de sua vida.

> REFLEXÕES SOBRE OS PICOS E AS FOSSAS — ESTRELAS E CICATRIZES — PODEM LEVÁ-LO A DESCOBRIR QUE A SUA PAIXÃO ESTÁ GRAVADA DIRETAMENTE NA HISTÓRIA DA SUA VIDA.

Assisti a uma conferência em que o cantor e compositor Ian Cron cantou uma música sobre gente que nunca desacelera tempo bastante para descobrir o significado mais profundo de suas vidas. Cron descreveu o "viajante do progresso" ostentando todos paramentos do sucesso, mas desprovido de uma âncora para a alma. Descreveu um amigo depois do 11 de setembro, começando a perguntar-se: *Voando de Hong Kong a Los Angeles espero que, ao ver as nuvens, você possa dizer: "Algo mais, deve haver algo mais".*[30]

Essa canção me tocou fundo e auxiliou-me a perceber que meu próprio chamado ajuda a liberar líderes para que sejam livres, produtivos e centrados.

Um homem de negócios de meia-idade que eu estava treinando, meio desencorajado, perguntou-me:

— Como posso saber o certo? Na minha idade e no meu estágio, não quero cometer um engano e me prejudicar.

— Bem — perguntei — o que o estimula? O que o empolga?

— Assistência médica — ele disse. — Quero ajudar a assistência médica a preocupar-se mais com o indivíduo. Seria uma questão de satisfazer as necessidades das pessoas, ao invés de escravizá-las às normas dos planos de saúde.

Foi uma descoberta genuína de sua paixão.

Somente você é capaz de saber qual a sua área de paixão. Além de ser arriscado, requer uma enorme dose de coragem deixar levar-se por ela. Você correrá o risco de rejeição ou de ser taxado de fanático. Alguns não entenderão, porém, ao vivenciá-la, você saberá o que é certo para você, e ficará se perguntando o que o segurava antes. "Viver é a coisa mais rara do mundo", disse Oscar Wilde. "A maior parte das pessoas existe, e é só".[31] Pode ser a sua hora de voar.

REFLITA

O que incita a sua alma — faz você feliz, triste ou indignado? Há na sua vida indicadores de qual seria a sua paixão condutora?

13

Preste contas

> Ali chegados, reunida a igreja, relataram quantas cousas fizera Deus com eles e como abriram aos gentios a porta da fé.
>
> At 14:27

Muitos líderes de empreendimento não querem um patrão. Eles conhecem a experiência — vestiram a camisa, venderam a camisa, até mesmos desenharam a camisa de outra pessoa. A maior parte dos empreendedores, quando questionada a respeito do que os levou a se lançar por si mesmos, responde comumente: "Eu queria ser o meu próprio chefe".

Ser seu próprio patrão tem as suas vantagens: o horário flexível, a liberdade para experimentar as próprias idéias, o poder de fazer as coisas a seu modo. É ótimo, certo? Claro — até que os criativos empreendedores ficam atolados no gargalo de uma organização e começam a sair pela tangente ou dão início a algo novo antes de finalizar qualquer atividade já iniciada. Como a maior parte das resoluções de Ano Novo, nós, empreendedores, possuímos a tendência a perder nossos objetivos de vista. Prazos começam a ser ultrapassados, e para manter a coisa andando e fazer o que tem de ser feito, nos matamos de trabalhar.

Por mais insano que possa parecer, muitos líderes de empreendimento não seguem um planejamento, porém usam o método "Deus ajude". A má notícia é que mais de 80% dos pequenos negócios fracassam nos primeiros cinco anos. Como salienta Michael Gerber em seu *The E-Myth*, 80% dos pequenos negócios que *sobrevivem* aos primeiro cinco anos fracassam nos cinco posteriores. O que deve fazer um empreendedor?

Seria fácil para Paulo ser um missionário independente — não tendo de prestar contas e dependendo apenas de si mesmo. Embora incumbido e enviado pela igreja de Antioquia, seus membros tinham uma limitada capacidade de rastrear Paulo, enquanto esse viajava de uma região remota a outra. Paulo, no entanto, escolheu prestar contas.

Algo saudável acontece quando percebemos não estarmos sozinhos, que outros se importam conosco e estão interessados no que estamos fazendo. Embora não possam estar diariamente conosco na linha de frente, eles desempenham um papel chave em nossa equipe. Agem como caixas de ressonância, celebram conosco quando as coisas vão bem, confortam-nos quando as coisas ficam difíceis e apontam áreas que carecem de nossa atenção.

> ALGO SAUDÁVEL ACONTECE QUANDO PERCEBEMOS QUE NÃO ESTAMOS SOZINHOS, QUE OUTROS SE IMPORTAM CONOSCO E ESTÃO INTERESSADOS NO QUE ESTAMOS FAZENDO.

Sabiamente, Paulo não ficou seguindo de um posto avançado a outro. Ao invés disso, vemos no livro de Atos que Paulo e seu parceiro Barnabé voltaram à cidade de Antioquia e reuniram a igreja. *Eles [...] relataram quantas cousas fizera Deus com eles e como abrira aos gentios a porta da fé* (At 14:27). Embora não existam hoje em dia atas dessas "assembléias", ficamos nos perguntando o que eles discutiram. Provavelmente, forneceram um relatório pessoal a respeito de como andavam espiritual, emocional e fisicamente. Com toda a probabilidade, falaram do *status* da sua missão.

Atos registra que, após darem o seu relatório, eles *permaneceram não pouco tempo com os discípulos* (At 14:28). Você consegue imaginar por quê? Poderia ser o caso de que depois de gastar tanto tempo na linha de frente ansiassem pela segurança e apoio dos que acreditavam neles? Eles podiam estar simplesmente apreciando a companhia daqueles com quem podiam compartilhar os altos e baixos da sua missão, as vitórias e as lutas. É isso que produz a verdadeira prestação de contas: ele oferece encorajamento e sustentação. Ele diz: "Queremos que você seja bem-sucedido". Para o líder de empreendimento, prestar contas oferece um oásis de compreensão por parte daqueles aos quais você se reporta.

Creio que a prática de prestação de contas (por vezes, na forma de treinamento de negócios) é a eletricidade que habilita as maiores realizações de um líder de empreendimento. Este livro é um exemplo perfeito. Fiquei sabendo que o editor queria o manuscrito pronto num determinado dia num futuro não tão distante, por isso sentei numa lanchonete da cadeia Starbucks, caneta na mão, ladeado por uma xícara de café e um *notebook*. Por meses, a caneta permaneceu dormente. Agora estou prestando contas, e sinceramente, é bom.

A prática de prestar contas pode fazer com que o empreendedor sinta que ele ou ela está finalmente engrenado e se dirigindo a algum lugar.

Recentemente perguntei a Jerry Pinney, que dá aulas de planejamento empresarial , o que com maior freqüência faz a diferença do "tudo ou nada". Sem hesitação ele respondeu:

— A prestação de contas é crucial.

— Como assim? — perguntei.

— Se você é o único está numa operação ou se possui a responsabilidade principal, você deve encontrar alguém que o mantenha centrado e prestando contas; um quadro de conselheiros, um treinador de negócios, um conselho administrativo, um pequeno grupo de outros empreendedores — ele disse. — A razão pela qual você se deu tão bem na escola foi que você tinha elementos para mantê-lo prestando contas; uma prova, um professor, mãe e pai. Há necessidade desse tipo de obrigação externa.

Se você quer que a sua missão seja bem-sucedida, encontre alguém que o mantenha prestando contas e dê à pessoa permissão para mantê-lo assim. Dessa forma, quando você precisar se reportar ou ser lembrado de sua missão, dos seus objetivos e estratégias, não estará sozinho. Encoraje questões a respeito do seu foco, seu gerenciamento de recursos e até mesmo sua saúde. Esteja, em seguida, disposto a dar a eles permissão de oferecer o que o pastor Bill Hybells chama de "os outros 10 por cento". Trata-se de coisas extra-difíceis que eles podem pedir, mas por causa do evidente risco de ofender você, eles não o fazem. Por vezes, as coisas que permanecem não ditas provam ser a sua ruína. *E a verdade vos libertará*, Jesus disse (Jo 8:32). O mesmo princípio aplica-se à prestação de contas.

O compromisso de ser perguntado "como está indo?" pode impedi-lo de estagnar, assim como também pode permitir que a sua própria febre de empreendedor transfira-o para a grandiosa idéia seguinte, antes que você conquiste terreno suficiente para a grande idéia presente. Até mesmo conselhos que podem soar censuradores ou ignorantes podem ajudá-lo a evitar dores-de-cabeça desnecessárias e gafes financeiras.

> SE VOCÊ QUER QUE A SUA MISSÃO SEJA BEM-SUCEDIDA, ENCONTRE ALGUÉM QUE O MANTENHA PRESTANDO CONTAS E DÊ À PESSOA PERMISSÃO PARA MANTÊ-LO ASSIM.

Paulo e Barnabé sabiam que precisavam prestar contas. Eles viajaram centenas de milhas a fim de obtê-la. Você também precisa, não importa se semanal, mensal ou anualmente. Quer seja de um conselho, um grupo ou um treinador de negócios, prestação de contas e retroalimentação são vitais. No começo parece desconfortável, mas com o tempo você ansiará por perguntas simples, do tipo "como está indo?" Você então será capaz de dividir as *verdadeiras* preocupações e começar a achar verdadeiras respostas. Você provavelmente chegará a descobrir o vento que encherá as suas velas e o manterá prosseguindo por um longo percurso.

REFLITA

Você já deu a alguém a permissão de mantê-lo prestando contas?

14

Aprenda o contentamento

> Digo isso, não por causa da pobreza, porque aprendi a viver contente em toda e qualquer situação.
>
> Fp 4:11

O QUÃO BEM VOCÊ LIDA com as montanhas-russas, as portas que se abrem num dia apenas para se fecharem no próximo, a atividade florescente e o momento de esperar? Como você enfrenta o "sim, claro" num momento e o "não tenho interesse" no seguinte?

Em 1992 apresentei-me num mosteiro em Cambridge, Massachusetts, e consegui um encontro com um monge chamado Irmão João.

— Irmão João — comecei — as coisas que tenho planejado ultimamente não têm se desenvolvido como eu gostaria.

Ele ouviu em silêncio depois sorriu deliberadamente.

— Jeff, tenho estado no ministério há quarenta anos e jamais, pelo menos uma vez, as coisas aconteceram como eu as planejei. Por acaso Deus precisa de você para manter as coisas fluindo harmoniosamente? Está tudo bem, Jeff. Só relaxe. Relaxe.

Em seu livro *Inteligência Emocional*, Daniel Goleman compartilha que o modo como lidamos com as nossas emoções é talvez mais importante que o conhecimento que temos na cabeça. Ele escreve:

> *"O senso de auto-domínio, de ser capaz de resistir às tempestades emocionais que trazem os golpes da fortuna, ao invés de mostrar-se 'escravo da paixão', tem sido louvado como virtude desde o tempo de Platão [...] Na verdade, manter nossas emoções sob controle é a chave do bem-estar emocional".*[32]

Independentemente de profissão, todos precisamos de estabilidade emocional, mas para um líder de empreendimento, a boa forma emocional é necessidade não-negociável. Faz parte do trabalho manter o interior calmo ao mesmo tempo que apaixonado, a despeito das tempestades iniciais. Você não pode se permitir temporadas de desencorajamento, desespero ou insatisfação. Do mesmo modo que deve manter o corpo saudável e em boa forma, você precisa conservar o seu interior saudável, harmonioso e otimista.

Algumas vezes é uma luta sustentar a saúde emocional. Uma variedade de ocorrências pode surgir, e logo nos deparamos em um combate pessoal. Embora preferíssemos convocar outra pessoa para fazê-lo por nós, a batalha pelo contentamento é apenas nossa. Falando sobre esse assunto Bill Hybels diz: "Todo homem que apresentou consistentemente uma atitude positiva teve de lutar por ela". "Repita comigo", ele convida, "de quem é a responsabilidade de manter uma atitude positiva? Repita comigo", ele insiste: "*É minha responsabilidade*. Responsabilidade de quem? *Minha responsabilidade.*"[33]

Paulo sabia que manter o equilíbrio emocional era essencial para o bem-estar interior. Ele ensinava que um dos maiores segredos que havia aprendido era estar satisfeito. Quer enfrentando céu azul quer nuvens escuras, a perspectiva vem de dentro. Ele declarou:

> *Tanto sei estar humilhado como também ser honrado; de tudo e em todas as circunstâncias, já tenho experiência, tanto de fartura como de fome; assim de abundância como de escassez* (Fp 4:12).

Agora, uma coisa é ouvir um testemunho desses vindo de alguém que vive em meio ao luxo e ao sucesso evidente. "É claro que você está satisfeito! Quem não estaria se tivesse o que você tem?" Mas como você estimularia os outros a estarem satisfeitos, enquanto você está penando numa solitária cela da prisão? Foi isso que Paulo fez. Ao mesmo tempo em que suportava circunstâncias incrivelmente adversas, ele conservava uma atitude mental positiva e escrevia a outros, encorajando-os a resistir com paciência o seu sofrimento. Embora tivesse experimentado em sua vida dificuldades financeiras e as agonias de um naufrágio, ele se descrevia como rico.

> Escrevendo à igreja de Corinto, contou que prosseguia mesmo *na muita paciência, nas aflições, nas privações, nas angústias, nos açoites, nas prisões, nos tumultos, nos trabalhos, nas vigílias, nos jejuns [...] como desconhecidos e, entretanto, bem conhecidos; como se estivéssemos morrendo e, contudo, eis que vivemos; como castigados, porém não mortos* (2Co 6:4-5; 9).

Paulo praticava a vigilância da mente. Ele aprisionava os pensamentos sombrios e substituía-os por positivos. Rejeitava a ansiedade e não permitia que o desencorajamento se alastrasse. Ele lutava por esperança. *E levando cativo todo o pensamento* (2Co 10:5). *Alegrai-vos sempre no Senhor* (Fp 4:4), ele disse aos Filipenses. Exercite a sua mente para nutrir pensamentos positivos e vivificantes.

Ainda assim, alguns de nós aprendem através da dor, e coloco a mim mesmo nessa categoria.

— Mindy — eu costumava dizer à minha esposa, — estou frustrado de verdade.

Em seguida, desfiava um rol dos meus infortúnios e desafios. Embora pensasse estar enfrentando a realidade, estava era criando minha própria realidade. Semanas e meses de reclamação e descontentamento contínuos levaram finalmente ao que mais tarde foi diagnosticado como depressão crônica. Eu me torturava com as coisas que não se mostravam como eu queria. Desenhava os piores cenários possíveis. O preço que paguei por descuidar de minha boa forma emocional foi assustador. Meu desânimo interior afetou negativamente o meu casamento, minha saúde e meus filhos. Nem eu mesmo agüentava a convivência comigo. A recuperação levou anos.

DEVAGAR, COM A PRÁTICA, APRENDEMOS A INTERROMPER O DESCONTENTAMENTO ANTES QUE ELE SE ESTABELEÇA.

Devagar, com a prática, aprendemos a interromper o descontentamento antes que ele se estabeleça. Podemos cortá-lo pela raiz. "Não, me recuso a ir nessa direção". Por exemplo, você pode decidir que percalços financeiros não o limitarão. Os "nãos"do cliente devem ser vistos como parte do jogo. Empregados que se demitem devem ser vistos como uma oportunidade para preencher a posição com alguém ainda mais capacitado. Podemos nos disciplinar a substituir raciocínios temerosos com fé. E sabe o que acontece? Começamos a ver a luz voltando a derramar-se na escuridão. Quando deixamos de nos concentrar nos aborrecimentos, percebemos oportunidades. A carta de Paulo aos Filipenses me ensinou lições preciosas nessa batalha.

> A DISCIPLINA DO PENSAMENTO POSITIVO PARECE SER MAIS FÁCIL PARA UNS DO QUE PARA OUTROS, MAS VOCÊ É CAPAZ DE CRIAR O SEU PRÓPRIO AMBIENTE DE SAÚDE E INTELIGÊNCIA EMOCIONAL.

Paulo encorajou os filipenses da seguinte forma:

> *Não andeis ansiosos de cousa alguma; em tudo, porém, sejam conhecidas, diante de Deus, as vossas petições, pela oração e pela súplica, com ações de graças* (Fp 4:6).

Não esteja ansioso por coisa alguma. Nada. Ao invés disso, substitua os pensamentos de ansiedade por idéias positivas. Busque a opinião de um conselho sábio. Considere apelar à oração. Você sempre pode dizer a Deus aquilo de que precisa. Você pode nunca ter pensando nisso antes, mas Deus é maior até mesmo do que qualquer necessidade que você já teve ou chegará a ter.

Algumas vezes é até mesmo útil fazer uma análise custo/benefício do medo e da preocupação. Escreva num pedaço de papel: “Digamos que eu continue a me preocupar e a ficar ansioso a respeito disso. O que vai me custar?” Você provavelmente irá escrever palavras como *desencorajamento, prejuízo, más decisões* e *depressão*. Relacione em seguida os benefícios da preocupação; é provável que você acabe com uma lista vazia.

A disciplina do pensamento positivo parece ser mais fácil para uns do que para outros, mas você é capaz de criar o seu próprio ambiente de saúde e inteligência emocional. Como Paulo, você pode estar satisfeito. Busque uma decisão de cada vez para não ficar se preocupando com detalhes. Faça a escolha de se distanciar e não perder a sua paz de espírito. Um momento de aceitação e serenidade levará a outro.

Não engula a mentira de que você é amaldiçoado e destinado ao infortúnio pelo que está acontecendo ao seu redor. Há uma alternativa.

REFLITA

Em que pé está o seu bem-estar emocional neste momento? O que você está fazendo para melhorar a sua saúde nessa área?

15

CONTINUE CRESCENDO

> Porque a nossa leve e momentânea tribulação produz para nós eterno peso de glória, acima de toda comparação.
>
> 2Co 4:17

PAULO VERDADEIRAMENTE RECONHECIA QUE sua labuta e tribulações custavam-lhe caro em termos físicos e emocionais. Seu corpo enfraquecia e as aflições continuavam. As horas eram longas e a recompensa praticamente inexistente.

O movimento cristão estava em franca expansão, mas Paulo era maduro o bastante para perceber que o crescimento é coisa meramente externa. Outro tipo de crescimento mais profundo estava acontecendo — crescimento interior, maturidade espiritual. *Não desfalecemos* (2Co 4:1), Paulo escreveu à igreja de Corinto. Conquanto poucos o teriam tomado por culpado se ele tivesse desistido, Paulo reconhecia que um benefício resultava dos seus desafios. *Mesmo que o nosso homem exterior se corrompa, contudo, o nosso homem interior se renova de dia em dia* (2Co 4:16). O resultado era adaptabilidade. Paulo tinha consciência de que o seu ser espiritual crescia, mesmo quando as suas forças físicas diminuíam.

Se desse uma aula de liderança de empreendimento hoje em dia, não creio que Paulo traçasse uma estratégia de dez passos para o sucesso ou os cinqüenta itens da lista de tarefas de liderança. Acredito que ele encorajaria o crescimento espiritual. Posso imaginá-lo dizendo algo como: "Não fique limitado ao crescimento exterior. Cresça por dentro. O mais importante é o que você se torna, e não o que você faz".

Como Jesus ensinou, *pois que aproveitará o homem se ganhar o mundo inteiro e perder a sua alma?* (Mt 16:26). O seu crescimento espiritual como líder produz uma prosperidade duradoura e um legado sólido e compensador, cujos efeitos são assombrosos, e ele permanecerá quando você tiver partido.

Quando escrevia cartas a outros líderes, Paulo não fornecia respostas prontas, mas compartilhava as suas experiências na forja da vida, e encorajava outros a ir em frente. Ele ensinava que era possível crescer e manter a paz interior, a perspectiva e a inteireza — mesmo sob pressão.

O SEU CRESCIMENTO ESPIRITUAL COMO LÍDER PRODUZ UMA PROSPERIDADE DURADOURA E UM LEGADO SÓLIDO E COMPENSADOR, CUJOS EFEITOS SÃO ASSOMBROSOS, E ELE PERMANECERÁ QUANDO VOCÊ TIVER PARTIDO.

Como líder, a sua influência vem de você. Embora poucos livros de liderança ensinem como alcançar maior amor, alegria, paz, paciência e bondade, o planejamento de Paulo para a liderança não deixava esses itens de lado. Se tomarmos pequenos passos nessa direção, o mundo se tornará um lugar melhor e mais amável, assim também como nossas organizações. No fim das contas, as pessoas querem seguir líderes que continuem a mudar e a crescer. Somos atraídos por pessoas que aprendem com seus erros e admitem que estão erradas. A transparência gera confiança e segurança.

Certo diretor executivo que entrevistei compartilhou comigo que seu principal objetivo para aquele ano era *não* apenas fazer a empresa crescer. Sua meta primordial era aprender como conduzir a sua companhia de uma nova maneira. "Não desejo apenas pressionar as pessoas a fazer mais", ele disse. "Este ano descobrirei como conduzir a empresa sem todo aquele *stress*, ansiedade e controle. Quero aprender o que significa deixar que Deus conduza a minha empresa".

Para alguns isso parece meio tolo. Alguns dirão que é puro e simplesmente fanatismo. Eu não vejo dessa forma. Creio que esse meu amigo diretor executivo está descobrindo que negócio e espiritualidade não são necessariamente esforços independentes. Ele não está mais disposto a segmentar a vida em secular e sagrado. *Tudo* é sagrado. Do mesmo modo que organizações são formadas por pessoas, os líderes são uma combinação do que está escrito em suas almas. O que Paulo ensina está no cerne do desenvolvimento de liderança. É através do que está no nosso interior que a nossa influência será mais efetiva. Quando o nosso interior muda, cresce e encontra propósito, paz e perspectiva, adivinhe o que acontece com a organização?

Paulo ensina que as adversidades e percalços podem acelerar o crescimento interior mais do que qualquer outra coisa. Em sua própria história, ele conta: *Somos atribulados, porém não angustiados; perplexos, porém não desanimados; perseguidos, porém não desamparados; abatidos, porém não destruídos* (2Co 4:8). Certamente Paulo não defende a negação da realidade. Ele experimentou momentos de intensa dificuldade, no entanto permaneceu comprometido ao crescimento. Ele concluiu:

> *Não desanimados; pelo contrário, mesmo que o nosso homem exterior se corrompa, contudo, o nosso homem interior se renova de dia em dia. Porque a nossa leve e momentânea tribulação produz para nós eterno peso de glória, acima de toda comparação* (2Co 4:16-17).

O crescimento é um processo, não um evento único.

Quando em meio às contrariedades, a maior parte delas não nos parecem *leves* e *momentâneas*. Um time de futebol americano submete-se a corridas de aquecimento e intensas sessões de levantamento de peso antes que o jogo comece. Os homens sustentam o fôlego e se perguntam se serão capazes de mais uma repetição, porém quando chega a hora da partida cada jogador fica feliz pelo que passou. O soldado pragueja contra o treinamento básico, mas dá valor a ele quando o verdadeiro combate começa.

Os homens sustentam o fôlego e se perguntam se serão capazes de mais uma repetição, porém quando chega a hora da partida cada jogador fica feliz pelo que passou.

A ação de crescer requer um alongamento pessoal. "O que não o mata o torna melhor", diz um slogan dos fuzileiros. Outro diz: "A dor nada mais é do que a fraqueza saindo do corpo".

O valor desse crescimento pode, por vezes, passar despercebido, pois você não foi educado e treinado a pensar em sua vida interior. Foi encorajado a buscar realizações, louvores e atitudes corretas. Você aprendeu que é uma coisa boa cuidar do seu corpo e manter-se mental e fisicamente em forma; mas que o mentoreou a respeito de como desenvolver uma vida interior resistente e, ainda assim, sensível?

A sua tarefa, de acordo com Frederick Buechner, é "dar ouvidos à sua vida". Encontrar os significados mais profundos do que está acontecendo e manter-se em crescimento. Aprender e alongar. Buechner prossegue: "Contemple-a como o mistério insondável que é. Olhe para o seu enfado e sua dor não menos do que para o seu arrebatamento e felicidade; tateie, experimente, inspire o seu caminho para o coração santo e oculto dela, porque, em última análise, todos os momentos são momentos-chave".[34] Não se permita estagnar nesse aspecto do seu crescimento. Deixe que os desafios desenvolvam resistência interior, firmeza e sensibilidade. Permita que as adversidades momentâneas o formem e modelem. Ao fazê-lo, outros irão em busca de sua sabedoria. Tanto sua alma quanto sua influência se expandirão.

REFLITA

Qual seria a situação ou desafio que estaria causando ou afetando o seu maior crescimento pessoal neste exato momento? Que bem advém disso? Se o que Paulo escreveu é verdade *(Nossa leve e momentânea tribulação produz para nós eterno peso de glória, acima de toda comparação)*, como isso pode afetar o modo como você vai lidar com a adversidade esta semana?

16

SOLTE AS RÉDEAS

> Agora, pois, encomendo-vos ao Senhor e à palavra da sua graça, que tem poder para vos edificar e dar herança entre todos os que são santificados.
>
> AT 20:32

"DEVO INSISTIR OU ABRIR MÃO?"

Os líderes de empreendimento têm de trabalhar com essa pergunta o tempo todo. O autor do livro de Eclesiastes no Antigo Testamento teve discernimento aguçado:

> *E há tempo para todo propósito [...] tempo de nascer e tempo de morrer; tempo de plantar e tempo de arrancar o que se plantou; tempo de matar e tempo de curar; tempo de derribar e tempo de edificar* (Ec 3:1-3).

Há diferentes momentos na vida.

Como sabemos que é hora de abrir mão do controle? Que hora é agora? A hora raramente vem com um rótulo. Imagine uma voz que dissesse: "É hora de investir"; "É hora de contratar";

"É hora de se aposentar". Para o líder de empreendimento poderia ser útil contar com um sinal que advertisse: "É hora de parar de fazer o trabalho você mesmo e deixar outros assumirem".

Paulo não lutava ou entrava em pânico com o controle do momento. Ele parecia entender esse conceito. Em alguns momentos, se acomodava e esperava; em outros, prosseguia. Às vezes, ele mesmo fazia o trabalho; outras vezes, deixava a tarefa a cargo de outrem. Ele sabia quando engajar-se ele mesmo numa iniciativa e quando delegar.

Paulo possuía um bom senso de momento. Ele ativamente descentralizava a liderança e fornecia às fileiras da igreja autonomia para ascender a uma condição acima de inexpressiva seita minoritária. Nem Paulo nem os outros apóstolos se tornaram gargalos para o crescimento. Eles acreditavam num modelo de liderança que dava início às coisas, atraía pessoas, as equipava e, em seguida, as deixava assumir as rédeas. Os líderes então partiam para o desafio seguinte.

Sem os benefícios da comunicação moderna, esse modelo de crescimento contínuo de igrejas de "abrir mão e delegar" propagou-se de Jerusalém à Ásia Menor, e além. O ministério expandiu-se rápido, muito adiante do alcance deles, e cruzou fronteiras, culturas e continentes. Igrejas foram plantadas e novas redes de liderança brotaram em todo lugar. Como organismos vivos, equipes de liderança cresceram, dividiram-se e multiplicaram-se. Os apóstolos confiavam autoridade e responsabilidade aos líderes recentes. Novos alicerces eram lançados e líderes novatos eram atraídos à liderança. Paulo partia então voluntariamente para território desconhecido — deixando outros para conduzir o que sua equipe havia iniciado. Mesmo quando ele esteve na prisão as coisas continuaram a crescer.

> NUM MUNDO QUE TEM EM ALTA CONTA A LIDERANÇA EXECUTIVA E DE GERENCIAMENTO, O DESAFIO DE ABRIR MÃO DO CONTROLE PARECE AGREDIR NOSSO ORGULHO E EGO.

Num mundo que tem em alta conta a liderança executiva e de gerenciamento, o desafio de abrir mão do controle parece agredir nossos orgulhos e egos. "Eu é que dei início à obra. Porque deixar que os outros se intrometam? É meu! Eu conquistei com trabalho duro. São as minhas idéias". É duro para o nosso ego o surgimento em cena de outros que nem ao menos sabem quem somos. E se eles se mostrarem mais capazes do que nós em algumas daquelas atividades? Estamos dispostos a deixá-los executá-las? Temos segurança suficiente em nosso chamado para deixar que outros conduzam os seus próprios?

Paulo não se agarrava teimosamente às coisas. De forma generosa, e sem muito alarde, ele entregava a liderança e a responsabilidade. Como sabia quem era e quem não era, ele abdicava voluntariamente e confiava responsabilidades a outros. Ele não fora chamado para ser um presbítero da igreja, porém envolvia e treinava aqueles seres. Ele não era pastor, por isso envolvia pessoas nesse chamado. Aos líderes da igreja de Éfeso ele escreveu: *[...] encomendo-vos ao Senhor e à palavra da sua graça* (At 20:32).

Abra mão do controle. Por que é tão difícil para muitos líderes fazerem isso? Um das razões pelas quais os líderes têm dificuldade em abrir mão do controle é que o modelo de liderança que nos foi passado tradicionalmente é o de gerenciamento — não o de liderança de empreendimento. Embora o estilo gerencial de liderança seja válido, não é o único.

> "Quando chega o momento em que fiz tudo que posso fazer? Quando é hora de abrir mão do controle? Quando é hora de deixar outra pessoa assumir a direção?"

Em contraste com ele, a liderança de empreendimento lança os alicerces, sobre os quais com freqüência são outros que constroem.

A segunda razão que causa também certa dificuldade é que muitos líderes encaram o trabalho como sua cria pessoal. Foram eles que tiveram o sonho e estavam presentes ao seu nascimento. Investiram financeira e emocionalmente no resultado. Eles querem apenas o melhor para a cria que lhes pertence por direito. Não são capazes de imaginar que outra pessoa possa de fato criar o bebezinho deles, ou até mesmo assumir um papel de destaque em sua educação e treinamento. Mas para que haja o crescimento é preciso deixar que outros liderem também. A verdade é que os novatos podem não ser tão apaixonados ou qualificados para uma iniciativa quanto nós; no entanto, quando chega a hora de passar o bastão, é preciso fazê-lo e seguir adiante.

Por anos tenho me debatido com esse dilema de empreendimento, e falado com outros que experimentam a mesma condição. "Quando chega o momento em que fiz tudo que posso fazer? Que hora abro mão do controle? Qual é o momento para deixar outra pessoa assumir a direção?"

Há poucos anos, cheguei à convicção de que deveria renunciar à liderança de minha igreja. Eu havia participado do seu lançamento, e liderara a igreja por quase nove anos. Antes de partir, tinha certeza de que era a coisa certa para mim e para a igreja. Minhas vozes interiores gritavam:

"Você está ficando maluco? Você perdeu o controle! Ninguém se importa tanto quanto você! Você perderá prestígio. Ninguém lembrará que você lutou tão duro para fundar esse trabalho."

Meus "e se" debatiam com meus "por que não?" Porém aqueles que me conheciam melhor, inclusive minha esposa, concordavam que era hora de soltar as rédeas. Outros preparados também queriam liderar. Era o rumo certo a ser tomado.

Normalmente não recebo sinais tão dramáticos, mas naquela ocasião senti que precisava de um. Necessitava confirmação de que se confiasse "a minha cria" na mãos de outros, daria certo. De algum modo, depois daquele dia, soube que ela sobreviveria, talvez até mesmo vicejasse, e ganhei a confiança de que não me arrependeria de minha decisão. Dois anos depois, a igreja floresceu sob a liderança de uma equipe que faz um trabalho excepcional.

Entendo que no seu caso, abrir mão das rédeas pode não implicar num passo tão drástico como deixar um importante papel de liderança. Simplesmente talvez signifique fazer as coisas de modo diferente, como por exemplo, recusar-se a fazer gerenciamento de detalhes ou deixar de fazer tudo você mesmo. Se você é chamado à liderança de empreendimento, deve aprender a arte de abrir mão. É vital para a sua saúde e sua alma.

REFLITA

É difícil para você, como líder de empreendimento, abdicar do controle? Se a resposta for positiva, por quê? Mas por que é tão necessário? Quando seria a hora de você abrir mão do controle?

17

Descanse

> No sábado, saímos da cidade para junto do rio, onde nos pareceu haver um lugar de oração; e, assentando-nos, falamos às mulheres que para ali tinham concorrido.
>
> At 16:13

Exausto! dizia a manchete daquele número da revista *Time* de 1994. Por trás, a foto do exaurido presidente da Universidade de Harvard, Neil Rudenstein. Debaixo do peso de enorme responsabilidade e do implacável ritmo do seu trabalho, Rudenstein havia finalmente desmoronado. A prescrição do seu médico: "Tire uma boa folga". Percebendo que o nível excessivo do seu trabalho exigia mais do que umas boas noites de sono, o médico recomendou-lhe que saísse de Cambridge e se deslocasse para uma ilha tranqüila, longe do ritmo e das responsabilidades.[35] Ele fez o que já deveria ter feito há tempos — deu uma pausa e escapou.

Num mundo em que somos atingidos por um incessante bombardeio de informações, conectividade e novas oportunidades, é importante trabalhar para neutralizar o "estilo de vida sem margens" e a tendência a viver em alta rotação. "Sinto constantemente que devo fazer mais", diz meu amigo Jimmy, que dirige um departamento de tecnologia de ponta numa grande organização.

"Alguns de nós começamos a nos sentir como vítimas de atropelamento na supervia de informações", disse o escritor Gordon MacDonald falando aos estudantes de graduação do MIT em Cambridge.[36] As lojas ficam abertas 24 horas. A Internet está disponível todo o tempo. *Não deveríamos nós mesmos continuar operando?*, nos perguntamos.

Paulo sabia que não. Embora tivesse igrejas para supervisionar, mensagens para pregar, novos territórios para alcançar e líderes para desenvolver, quando chegava o sábado Paulo saía *da cidade para junto do rio* (At 16:13). Posso imaginá-lo caminhando à beira da água, buscando tranqüilidade do lado de fora dos muros da cidade, afastado da correria e da agitação.

Você percebe que algumas vezes a nossa maior demonstração de fé é evidenciada por aquilo que *não* fazemos? Temos todos que nos resguardar da preguiça e da procrastinação, mas com maior freqüência o que precisamos é estabelecer saudáveis limites ao redor no nosso trabalho. Quando abrimos mão do controle, estamos exercitando a fé. Podemos experimentar um descanso divino, confiando que aquilo que começamos terá continuidade. Como diz meu amigo e mentor Jerome: "Não é tudo obra de Deus mesmo"?

Segundo essa filosofia, precisamos aliviar o cerco e libertar nossas mentes da estrategização obsessiva. Devemos sair do caminho física, mental e espiritualmente. Necessitamos confiar e crer que, como diz o salmista, *se o Senhor não edificar a casa, em vão trabalham os que a edificam* (Sl 127:1). Ele segue o raciocínio: *Inútil vos será levantar de madrugada, repousar tarde, comer o pão que penosamente granjeastes; aos seus amados ele o dá enquanto dormem* (v. 2).

> TEMOS TODOS QUE NOS RESGUARDAR DA PREGUIÇA E DA PROCRASTINAÇÃO, MAS COM MAIOR FREQÜÊNCIA O QUE PRECISAMOS É ESTABELECER SAUDÁVEIS LIMITES AO REDOR NO NOSSO TRABALHO.

Muitos séculos depois, o povo judeu ainda observa firmemente o sábado, um dia de descanso com cessação completa de trabalho. Eles nutrem a convicção de que, mesmo quando não estão trabalhando, Deus está. Não depende tudo de nós. Uma mão divina rega os campos cultivados e dá crescimento à semente. Ele protege os investimentos e elabora sonhos para o futuro. Ele dá continuidade à missão.

Num sábado, Paulo, Silas e Timóteo, em missão, ao deixarem a cidade de Filipos, encontraram um bom lugar para orações, à beira de um rio. E, assentando-se por ali falaram às mulheres que se aproximavam. Entre elas, estava Lídia, que mais tarde se tornaria uma importante defensora da mensagem cristã em toda aquela região. *O Senhor lhe abriu o coração para atender às cousas que Paulo dizia* (At 16:14). Paulo não teve de trabalhar para fazer isso acontecer. Era parte da obra que Deus já havia colocado em andamento, e Paulo apenas aderiu.

Descanso e verdadeira produtividade estão associados. À medida que estabelece um ritmo alternando envolvimento e desligamento, você se torna capaz de maximizar seu potencial em todas as tarefas. Quando gasta algum tempo junto ao rio, você volta à cidade revigorado e repleto de energia.

> Descanso e verdadeira produtividade estão associados. À medida que estabelece um ritmo alternando envolvimento e desligamento, você se torna capaz de maximizar seu potencial em todas as tarefas.

O descanso pode parecer uma intrusão. Você pensa: *Vou só fazer algumas ligações e checar o meu e-mail.* Você se pergunta: *Tenho como me permitir uma folga?* Um descanso parece artigo de luxo, um desperdício de tempo valioso. Por vezes nos sentimos inquietos de ficar parados por uns poucos minutos, quanto mais alguns dias. Nossa mente se agita com idéias e listas de tarefas que exigem a nossa atenção. Frases como *aquietai-vos e sabei que eu sou Deus* (Sl 46:10) soam como relíquias de um mundo arcaico e obsoleto. Aquietar-se? Como?

O escritor Henri Nouwen fala diretamente àqueles que julgam difícil diminuir o ritmo: "Quando as distrações externas são removidas, com freqüência descobrimos que nossas distrações internas manifestam-se em sua força máxima". Ele compara esse aquietar-se à:

> *(...) experiência do homem que, depois de anos vivendo de portas abertas, decide, de repente, fechá-las. Os visitantes que costumavam vir e entrar em sua casa começam a bater na sua porta, perguntando-se por que não se permite que entrem. Apenas quando percebem que não são bem-vindos eles deixam gradualmente de vir. Essa é a experiência de qualquer um que decide experimentar a reclusão depois de uma vida sem muita disciplina espiritual. No princípio, apresentam-se inúmeras*

distrações. Mais tarde, à medida que recebem cada vez menor atenção, elas começam a retroceder.[37]

Para que possamos chegar a um local de serenidade interior é essencial que resistamos às batidas. Fica mais fácil à medida que aceitamos que, em última análise, *não* depende de nós. *Eu plantei, Apolo regou; mas o crescimento veio de Deus*, escreveu Paulo (1Co 3:6). Esse princípio parece contradizer a fórmula tradicional de sucesso e nossa ética de trabalho frenético, mas ainda assim, *se o Senhor não edificar a casa, em vão trabalham os que a edificam* (Sl 127:1). Paulo acreditava nisso e agia de acordo.

Ouse. Tome o rumo do rio e observe o seu fluxo incessante. Desfrute da natureza, arte, cultura, *hobbies* e amizades. Desligue o celular e abaixe o volume da secretária eletrônica. Recuse-se a abrir o seu *e-mail*, até mesmo desligue o computador. Gaste algum tempo com a família. Delicie-se de recreação e recupere o seu corpo fisicamente. Para dar um descanso à mente, leia um romance. Para revigorar a alma, dê um passeio no parque ou faça uma caminhada nas montanhas. Passeie ao longo de uma praia deserta. Inspire profundamente o ar noturno e aprecie as estrelas — e não peça desculpas por estar fazendo isso, nem a si mesmo.

À medida que investe no descanso, você desenvolve um passo alternado que se torna um sinalizador para os outros. Quanto mais percebe que é Deus que faz o trabalho, e que você é apenas um dos jogadores, mais você será capaz de colocar de lado a ansiedade e experimentar descanso genuíno. Você poderá impedir que a manchete *Exausto!* seja estampada no seu peito, e experimentará maior criatividade, energia e resistência.

Trabalhe pesado, sim, mas descanse pesado também. Ambos são fundamentais.

REFLITA

De que forma você se dá descanso? Você já resolveu a tensão envolvimento-desligamento no seu estilo de vida?

18

ABRA MÃO DO RESSENTIMENTO

> Suportai-vos uns aos outros, perdoai-vos mutuamente, caso alguém tenha motivo de queixa contra outrem. Assim como o Senhor vos perdoou, assim também perdoai vós.
>
> CL 3:13

HÁ ALGUNS ANOS ATRÁS, meu irmão Todd descobriu uma ferrugem esverdeada e tóxica que brotava do subsolo de um ferro-velho de automóveis, caía num riacho e fluía pelo nosso quintal a caminho de um lago. Embora ninguém houvesse percebido antes, logo ficou claro que os resíduos desse metal enferrujado estavam poluindo nosso suprimento de água e talvez afetando a nossa saúde. Com a anuência do conselho da cidade, a solução final se tornou evidente; limpar o ferro-velho, escavar os carros em decomposição e remover a fonte desse perigoso lixo. O mais cedo possível.

Como esse resíduo enterrado, nossas tensões não resolvidas acabam brotando na superfície de nossas vidas, afetando nossa liderança. O dicionário Webster's define *ressentimento* como "sentimento de mágoa ou indignação gerado por uma percepção de injustiça". Ele pode nos sufocar e causar dano em e através de nós.

De acordo com o livro *Twelve Steps: A Spiritual Journey:*

> *"Guardar ressentimento gera stress, ansiedade e incontroláveis sentimentos de raiva. Se não tratado, sérias conseqüências emocionais e físicas serão desencadeadas [...] O ressentimento não pune pessoa alguma além de nós mesmos. Não podemos guardá-lo e experimentar cura ao mesmo tempo."*[38]

O que abrir mão dessa mágoa tem a ver com o trabalho do líder de empreendimento? O ressentimento rouba o fôlego do nosso trabalho e pode, na verdade, embotar a nossa visão. Ele esgota a nossa energia e nos furta da alegria de trabalhar com outros. Ele se acumula com o tempo e raramente se dissipa por si mesmo. Hoje em dia, os cientistas dizem que, a longo prazo, ressentimento e raiva podem acabar esgotando as reservas essenciais de serotonina do nosso cérebro, causando perda de memória, incapacidade de tomar decisões e depressão.[39]

> O RESSENTIMENTO ROUBA O FÔLEGO DO NOSSO TRABALHO E PODE, NA VERDADE, EMBOTAR A NOSSA VISÃO. ELE ESGOTA A NOSSA ENERGIA E NOS FURTA DA ALEGRIA DE TRABALHAR COM OUTROS. ELE SE ACUMULA COM O TEMPO E RARAMENTE SE DISSIPA POR SI MESMO.

Esses efeitos se tornam em nós um peso e nos impedem de demonstrar eficácia em nossa missão. Eles sabotam o nosso bem-estar, devastando relacionamentos mais importantes, nossa saúde e vida espiritual. Não nos podemos dar ao luxo de permitir que a toxina do ressentimento flua em nas nossas veias.

Quando nos sentirmos ofendidos, indignados ou injustiçados, devemos aprender a abrir mão de nosso ressentimento por iniciativa própria. Fatalmente nos desapontaremos, em algum momento, com a aproximação de nossos clientes, companheiros de equipe ou outros dos quais dependamos. Os detritos resultantes desse envolvimento irão se infiltrar no solo de nossas almas, e as suas falhas nos atingirão. Não há nada de novo nisso. Todos já fomos magoados por pais, sócios ou cônjuges; inclusive deixados na mão por aqueles que diziam: "Confie em mim". Muitos já experimentaram o sentimento de rejeição e abandono.

Paulo não tinha ilusões sobre o modo como as pessoas tratam até mesmo aqueles que querem ajudá-los. A recomendação dele: *Assim como o Senhor vos perdoou, assim também perdoai vós* (Cl 3:13). Em seguida, Paulo oferece a si mesmo como exemplo. Escrevendo ao seu protegido Timóteo, ele confessa os seus próprios ressentimentos: *Alexandre, o latoeiro, causou-me muitos males*. No entanto, Paulo reage confiante: *o Senhor lhe dará a paga segundo as suas obras* (2Tm 4:14). Em outra passagem, falando provavelmente sobre o mesmo Alexandre, ele diz: *[...] alguns, tendo rejeitado a boa consciência, vieram a naufragar na fé. E dentre esses se contam Himeneu e Alexandre* (1Tm 1:19-20).

Paulo sabia também o que era ser abandonado por aqueles em quem confiava. *Na minha primeira defesa, ninguém foi a meu favor; antes, todos me abandonaram.* Em outras palavras, quando Paulo foi acusado e levado a julgamento, seus amigos o abandonaram. Apesar disso, não querendo que o ressentimento fincasse pé, Paulo abriu mão dele. *Que isto não lhes seja posto em conta!* (2Tm 4:16).

Não há negação da realidade nessa atitude. Paulo sentia a dor da rejeição, do abandono e das injustiças. Ele entregava a si mesmo por completo, e os outros agiam como amigos-da-onça. Ainda assim, quase no mesmo fôlego, Paulo abria mão desse sentimento. Perdoava. Entregava a injustiça dos outros nas mãos de Deus, pedindo-lhe que os absolvessem: *Que isto não lhes seja posto em conta!* (2Tm 4:16)

Algumas vezes precisamos de um ambiente seguro em que possamos dividir a indignação e a mágoa. Você pode escolher se abrir com um amigo íntimo, um ministro, um *coach* (que é uma pessoa que auxilia profissionais a alcançarem suas metas) ou um conselheiro. Você pode querer colocar para fora os seus ressentimentos e dividi-los com Deus. Se você lê o livro de Salmos, descobre que essa é uma forma válida de oração — talvez até mesmo uma espécie de terapia espiritual. Admita as suas mágoas e feridas, e em seguida busque a cura ou até mesmo uma equipe de remoção. Confesse a sua raiva e abra mão dela.

Isso parece simples, mas não é fácil. Perdoe. De forma consciente, abra mão da necessidade de desforrar-se. Libere o seu adversário e abandone o desejo de retaliar. Você tem de perdoar, não porque tenha vontade de perdoar, mas porque precisa disso para o seu próprio senso de bem-estar. Escolha deliberadamente absolver e seguir adiante — mesmo que o ofensor não o mereça. Você talvez nunca receba um pedido de desculpas ou um reconhecimento da injustiça, porém você necessita seguir adiante.

Você tem de perdoar, não porque tenha vontade de perdoar, mas porque precisa disso para o seu próprio senso de bem-estar.

Embora sejam poucos os consultores que tratem diretamente desse problema, bons relacionamentos e trabalho de equipe são capazes de superar os mais árduos obstáculos. Nossos companheiros de equipe podem nos ajudar a superar tempestades financeiras ou baixas em nossa produtividade. Por outro lado, relacionamentos deficientes repletos de ressentimento, mágoa e conflito não-resolvido corroem rapidamente a confiança, e devastam aquilo que queremos realizar. A hostilidade se alastra como um vírus de uma pessoa para a outra. Não se trata de um mero problema estratégico, mas de uma questão pessoal. Ela afeta o funcionamento interno da liderança.

"A batalha primordial é com o inimigo interior", escreveu Frances Wickes no livro *The Inner World of Choices*. "Enquanto não é capaz de derrotar em si mesmo aquilo que gera o ódio, o homem está contribuindo com a hostilidade do mundo, quer conscientemente, quer não".[40]

Os ressentimentos esgotam a nossa energia. Em contraste, a cura interior e a liberdade que produz em nós liberam algumas das nossas maiores parcelas de criatividade. Permitamos que o nosso cerne alcance a cura e pare de tentar provar alguma coisa. *Se possível, quanto depender de vós, tende paz com todos os homens*; foi o que Paulo ensinou (Rm 12:18).

Enquanto negarmos a existência dos nossos ressentimentos e nos recusarmos a confessar que guardamos amargura, seremos mantidos em cativeiro. Mas quando abandonarmos a negação, abrindo mão de nossos ressentimentos, descerraremos a porta para a nossa própria liberdade.

Pode ser essa ou não a condição em que você se encontra agora. Se não for, guarde isso na cabeça e traga para fora quando precisar. Se isso for um problema para você, busque auxílio confiável. Vá ao âmago da questão e arranque o ressentimento pela raiz — tão logo quanto possível. Depois desfrute da liberdade.

REFLITA

Você está permitindo que o ressentimento roube a sua energia e embote a sua visão? Quem você precisa perdoar? O que será preciso para que você o faça?

19

ENXERGUE A OPORTUNIDADE

> Tenho-me por feliz, ó rei Agripa, pelo privilégio de, hoje, na tua presença, poder produzir a minha defesa de todas as acusações feitas contra mim pelos judeus.
>
> AT 26:2

EM SEU LIVRO *INOVAÇÃO E ESPÍRITO EMPREENDEDOR*, Peter Drucker escreve:

> *"Há não muito mais do que um século, nem o óleo mineral brotando do chão nem a bauxita, o minério do alumínio, eram considerados recursos. Eram incômodos pois ambos deixavam o solo improdutivo. O bolor da penicilina era considerado uma praga, não um recurso [...] A esmagadora maioria das inovações bem-sucedidas explora a mudança [...] e portanto, a disciplina da inovação".*[41]

Os líderes de empreendimento enxergam esse tipo de oportunidade latente e exploram-na. Hoje em dia não podemos ignorar a genialidade daqueles, agora famosos visionários, que se perguntaram se os resíduos do petróleo e da penicilina poderiam mostrar-se úteis. *Resíduo*, segundo o dicionário Webster's, é "a matéria restante ou subproduto, rejeitada como sendo inútil e sem valor; refugo". Um número muito reduzido viu a oportunidade, mas aplicou a ela sua curiosidade, imaginação, criatividade e seus recursos. Fez aquilo que outros não fariam e, como resultado, inúmeras vidas se beneficiaram dos seus esforços.

Paulo, da mesma forma, modelava um estilo de vida em que oportunidades desafiadoras dessa natureza eram exploradas para o bem. Enquanto prisioneiro, Paulo foi ouvido pelo rei Agripa, governante de uma vasta área próxima ao mar da Galiléia, e apresentou a sua defesa diante desse poderoso governante. Ao invés de medrosamente enxergar o rei Agripa como uma ameaça, Paulo viu a oportunidade de exercer sua influência. Ele compartilhou a história de sua transição de hostilidade para com os cristãos ao seu comprometimento com a mensagem desses.

A respeito do seu modo de pensar antes da conversão ele disse: *E, demasiadamente enfurecido contra eles, mesmo por cidades estranhas os perseguia* (At 26:11). Depois de identificar-se com as prováveis objeções de sua audiência, Paulo contou porque havia efetuado a transição de tendencioso oponente a um dos mais ativos defensores do cristianismo. Em seguida partiu ousadamente para o desfecho de sua defesa: *Acreditas, ó rei Agripa, nos profetas? Bem sei que acreditas* (At 26:27).

Impressionado diante da ousadia de Paulo, Agripa responde: *Por pouco me persuades a me fazer cristão.*

Não conhecemos o resultado final do encontro de Paulo com Agripa naquela ocasião. Ainda assim, é difícil deixar de perceber a corajosa disposição de Paulo em transformar uma situação desconfortável numa oportunidade para avançar a sua causa. Ao invés de encarar Agripa como perseguidor, Paulo enxergou-o como uma espécie de plataforma.

"As oportunidades raramente vêm com etiquetas de identificação", disse John A. Shedd, mas podemos nos treinar a procurá-las. Você já deve ter ouvido a frase: "Quando uma porta se fecha, procure uma janela". O princípio de liderança de empreendimento que Paulo exemplifica nessa situação foi a disposição de procurar janelas. No seu caso é improvável que você chegue a apresentar-se diante de uma autoridade na condição de criminoso condenado; ainda assim, esteja alerta para oportunidades:

- Onde estão ocorrendo mudanças e novas necessidades estão surgindo.
- Quando há alterações demográficas.
- Quando há mudanças na expectativa ou no modo de pensar das pessoas.
- Onde novos conhecimentos e novas tecnologias podem ser explorados.
- Onde potencial inexplorado pode ser maximizado e em situações difíceis.

Algumas vezes as oportunidades estão presentes quando algo nos incomoda de verdade. Tenho percebido minha própria necessidade de explorar com maior detalhe aquilo que está incomodando meus clientes. Ajudo-os a buscar pistas do que existe num nível mais profundo ou até mesmo a enxergar oportunidades que passam despercebidas.

— Por que isso incomoda tanto você? — eu pergunto. — Seria essa uma oportunidade de aprendizado? Não poderia ser uma pista que aponta o seu chamado para fazer alguma coisa a respeito do problema? Talvez seja o vislumbre de uma motivação oculta?

Em minha própria vida já me deparei dizendo coisas como: "Por que ninguém faz nada a respeito?" Aprendi, no entanto, que a pergunta seguinte deveria ser: "Por que esse alguém não pode ser eu mesmo? Se sou eu que me incomodo com a substância que brota do subsolo, talvez devesse dar uma olhada mais de perto nela".

Outras oportunidades podem existir bem embaixo do seu nariz. A uma mulher que administra um negócio de fotografia e que gosta de cavalos quase mais do que de câmeras, perguntei:

— Você já pensou em tirar fotos de cavalos?

— Na verdade, um bom número de pessoas já veio conversar comigo sobre essa idéia de retratar cavalos — disse ela. — Talvez devesse divulgar que estou disponível para fazer isso.

> Para muitos de nós, o desafio é não deixar que o nosso ritmo ou nosso modo de pensar atual nos impeça de reconhecer oportunidades. Por vezes, precisamos recuar a fim de ganhar uma nova perspectiva.

Para muitos de nós, o desafio é não deixar que o nosso ritmo ou nosso modo de pensar atual nos impeça de reconhecer oportunidades. Por vezes, precisamos recuar a fim de ganhar uma nova perspectiva. Pode ser difícil enxergar novas chances em meio à adversidade. Um cliente nos abandona e nos sentimos rejeitados. Um mercado se fecha e nos sentimos acuados. A economia desacelera e nos sentimos amaldiçoados. Ainda assim, enxergar oportunidades nos convida a ver nossos desafios presentes como prenhes de possibilidades.

> NÃO SE PRENDA DE TAL FORMA A ESPERAR QUE AS COISAS FUNCIONEM DE DETERMINADA MANEIRA AO PONTO DE PERDER A OPORTUNIDADE DE VIVER CRIATIVAMENTE AO LONGO DO CAMINHO.

No seu cenário atual há pistas para novas invenções, estratégias e novos sistemas. Considere os seguintes exemplos. O inventor Silly Putty se perguntava que bem poderia advir de um produto de petróleo e de borracha de cor creme. Quando suas charges foram rejeitadas, Walt Disney começou a rabiscar. Seus rabiscos tomaram a forma de um pequeno camundongo.

Meu *coach*, Jim Vuocolo, fala sobre os problemas experimentados quando trabalhamos de forma obsessiva para predeterminar e predestinar cada resultado. “É como quando você fecha por completo a ponta da mangueira do jardim”, ele diz. “Por mais que você tente, não consegue fazer a água passar. Às vezes combatemos tanto para controlar o resultado que bloqueamos o fluxo. Lutamos tanto para não perder que não somos livres o suficiente para vencer”. A recomendação de Jim é que liberemos os resultados, à fim de que a coisa flua. Não se prenda de tal forma a esperar que as coisas funcionem de determinada maneira ao ponto de perder a oportunidade de viver criativamente ao longo do caminho.

Jesus ensinou que, da morte, surge nova vida: *Em verdade, em verdade vos digo: se o grão de trigo, caindo na terra, não morrer, fica ele só; se morrer, produz muito fruto* (Jo 12:24). O melhor lugar para a semente crescer é debaixo do solo; mas quando chega lá, a semente experimenta a morte. Um fazendeiro deve estar disposto a deixar que suas sementes se sujem e até mesmo morram antes que possam produzir algo novo. Jesus ensinou também que uma semente tem enorme potencial: *É semelhante a um grão de mostarda que um homem plantou na sua horta; e cresceu e fez-se árvore* (Lc 13:19).

É bem possível que, daquilo que parece uma porta fechada, um fracasso ou morte, brote a maior produtividade que você já experimentou. Você pode precisar de paciência. Fique sempre de olho. O melhor em todos os sentidos pode estar mais próximo do que você imagina.

REFLITA

Que portas de oportunidade se fecharam para você recentemente? Haveria novas janelas de oportunidade à vista? De que modo você se disciplina para procurar ativamente novas oportunidades?

20

Instile propósito nas pessoas

> Tudo quanto fizerdes, fazei-o de todo o coração, como para o Senhor e não para homens.
>
> Cl 3:23

Em breve Kathy irá deixar o seu cargo de gerente, numa importante corporação de Chicago, para abrir a sua própria empresa. Ela ama os privilégios de sua posição. Gosta dos produtos com que trabalha e as oportunidades que têm no seu ramo. Ela estima até mesmo a maior parte dos seus colegas de trabalho, mas está convencida de que não pode ficar e manter a sua integridade.

Ela tem de sair. O motivo:

"A empresa em que trabalho não instila propósito nas pessoas. Eles as tratam como meros dentes de uma engrenagem. Não os respeitam. Eu detesto isso". Com esse desapontamento em mente, Kathy está determinada a abrir uma empresa que faça as coisas de modo diferente. "Quero liderar uma companhia que

sustente o valor das pessoas", diz ela. "Respeite os fornecedores. Trate os empregados e clientes com dignidade".

William Pollard, por longo tempo diretor da *The Service Master Company*, cria que esse princípio produzia impacto na cultura e no extraordinário crescimento de sua companhia. Em seu livro *The Soul of the Firm* ele diz:

"As pessoas querem trabalhar por uma causa, não apenas para viver. Quando há alinhamento entre a causa da empresa e a causa de sua gente, saia da frente — porque haverá extraordinário desempenho".

Paulo também percebia a importância de ajudar as pessoas a verem propósito em seu trabalho. Numa época, em que a maior parte dos operários trabalhava em ambientes quentes, úmidos, sujos e lúgubres, Paulo instilava neles a crença de que podiam fazer diferença. Ele os ajudava a enxergar um propósito maior. A motivação do seu trabalho era mais do que um cheque de pagamento ou o potencial para uma promoção. Ele importava para *Deus*. Admitamos: quer sejamos professores ou guias turísticos, mecânicos ou ministros, todos queremos saber: "O que estou fazendo é importante?" "Esse trabalho tem significado?" "Estou fazendo algo que ajude a humanidade ou que deixe uma marca depois de minha partida?"

Escrevendo à igreja de Colossos, Paulo ensinou: *E tudo o que fizerdes, seja em palavra, seja em ação, fazei-o em nome do Senhor Jesus* (Cl 3:17). Esse "o que quer que" incluía até mesmo as tarefas tidas como as mais humildes. Dirigindo-se a escravos e encorajando-os mesmo a executar o seu trabalho com diligência, dizia: *Tudo quanto fizerdes, fazei-o de todo o coração, como para o Senhor e não para homens* (Cl 3:23).

> QUANDO ENXERGAM O SEU TRABALHO COMO PARTE DE UM QUADRO MAIOR, AS PESSOAS SENTEM-SE MOTIVADAS A INVESTIR MAIS NELE.

Quando enxergam o seu trabalho como parte de um quadro maior, as pessoas sentem-se motivadas a investir mais nele. As suas atividades tornam-se uma forma de auto-expressão, não meramente tarefa convencional. Elas percebem valor no que fazem, e não precisam ascender hierarquicamente para se sentirem empolgadas com sua empreitada. A noção de trabalho secular e trabalho sagrado desaparece por completo. Elas vêem que aquilo que produzem, o modo como servem e os produtos que vendem tornar o mundo um lugar melhor. Que excelente modo de se viver!

Perguntei a meu amigo Seam por que ele havia deixado o seu lucrativo cargo numa companhia de seguros para aceitar a proposta de emprego numa editora.

— Por que você fez isso?

Ele pensou por um momento antes de responder.

— Jeff, percebi que, para mim, importava mais o trabalho com um grupo de pessoas numa missão do que fazer dinheiro. — E acrescentou com um sorriso: — As coisas que estamos publicando ajudam de fato as pessoas.

Hoje em dia um grande número de empresas está canalizando o poder do propósito para ajudar seus empregados a enxergar maior valor no seu trabalho. Em seu livro *Managing by Values*, Ken Blanchard relata a busca pelas 500 empresas mo *ranking* da *Forbes*, em que tanto a qualidade do serviço oferecido aos consumidores quanto a qualidade de vida ofertada aos seus empregados são elevados. “O comportamento organizacional fundamentado nos valores deixou de ser uma escolha filosófica simpática — é agora requisito de sobrevivência”.

Certa vez, Steve Jobs desafiou John Scully, presidente da Pepsi, dizendo-lhe o seguinte: “Você quer passar o resto da vida vendendo água açucarada ou quer uma chance de mudar o mundo?”[42] Quer ou não você concorde com Jobs que Scully vendia “água açucarada”, é inquestionável o ardor com que ele busca instilar um senso de propósito e visão.

Os valores essenciais, através dos quais cada funcionário é capaz de enxergar o seu papel na execução conjunta de algo importante, criam um ambiente motivacional para as pessoas. “Na medida que os empregados numa empresa, entre as 500 maiores da revista *Fortune,* são de fato tratados como seus recursos preciosos, eles se tornam mais comprometidos com os seus objetivos do que em outras organizações em que as pessoas se sentem usadas como artigos descartáveis”.[43]

“Não somos máquinas; somos pessoas com impressões digitais de personalidade própria e, potencial”, disse William Pollard.[44] No fim das contas, todos desejamos que o nosso trabalho faça diferença. Queremos saber se até mesmo a tarefa mais subalterna, insignificante e oculta possui seu valor na realização de uma missão meritória. E, como meu filho de seis anos, queremos alguém que olhe para aquilo que fizemos e diga: “Parabéns!” “Excelente!” “Muito bem!” Almejamos que nossa

> "Você quer passar o resto da vida vendendo água açucarada, ou quer uma chance de mudar o mundo?"

criatividade, dedicação extra e toques especiais sejam percebidos e conhecidos como significativos.

Estrategicamente falando, o que representaria instilar um senso de propósito nas pessoas ao seu redor? E se você as ajudasse a descobrir que o trabalho delas importa e que você percebeu? Uma líder conhecida passa o filme *Vida Maravilhosa* para a sua equipe no Natal; em seguida a reúne ao seu redor e lê para cada um cartas que começam assim: "Se você nunca tivesse nascido..." Não é difícil imaginar como os membros de sua equipe se sentem a esse respeito.

Outro líder mantém um bloco de notas em sua mesa, de modo a se lembrar regularmente de escrever um "obrigado" ou "bom trabalho," àqueles que se esforçam e trabalham arduamente em favor do objetivo. "Meses depois", diz ele, surpreso, "esses bilhetes estão pendurados nas mesas e nas paredes". Há pessoas que querem saber tanto se o que estão fazendo se encaixa de alguma forma num quadro maior, quanto se a sua parcela de esforço contribui para o sucesso de uma missão.

Se fosse para reconhecermos diante de nós mesmos que os nossos próprios esforços importam, não ajudaria se passássemos adiante essa bênção àqueles ao nosso redor? Talvez ninguém tenha feito isso por você. Você pode ter realizado seu trabalho despercebido e ignorado durante a maior parte de sua carreira. Poderiam as coisas ser diferentes se você tivesse trabalhado num ambiente que instilasse propósito nas pessoas?

"Arroje-se", disse Basil King, "e forças poderosas virão em seu auxílio". Um passo arrojado hoje pode ser simplesmente ajudar uma única pessoa a descobrir o propósito do que ela faz e que você percebeu.

REFLITA

Você tem o senso pessoal de que o seu próprio trabalho importa? De que forma você tem passado essa mesma convicção a outros?

21

Peça ajuda

> Eu, Tércio, que escrevi esta epístola,
> vos saúdo no Senhor.
>
> Rm 16:22

É interessante notar que algumas das cartas de Paulo não foram escritas por ele. Provavelmente, Tércio era secretário de Gaio, um dos companheiros de viagem de Paulo[45], e de acordo com o verso acima é a ele que foi ditada a carta de Paulo aos Romanos. Paulo ditou. Tércio anotou. Será que Paulo não poderia ter escrito a carta ele mesmo? Com toda a probabilidade podia. Ele já havia feito isso antes, mas desta vez aceitou ajuda. Pediu a Tércio para escrever o que ele ditava.

Muitos líderes de empreendimento precisam desenvolver a sua disposição em convidar outras pessoas a participar. Há momentos em que carecemos nos abrir sobre nossas necessidades com as pessoas certas. Deixá-las saber que há algo que poderia beneficiar-se da atenção delas. Pedir: "Você poderia ajudar aqui?" Em outros momentos, podemos recorrer à contratação de terceiros para fazer parte do trabalho; empregados temporários, *designers*, programadores e gerentes de projeto. Devemos empregar um consultor qualificado, cujas recomendações possam nos levar a economizar tempo, dinheiro, dor-de-cabeça e até mesmo a inconveniência de uma custosa mudança de rota. Algumas vezes precisamos recorrer à orientação de outros líderes de empreendimento ou convocar uma reunião extraordinária do conselho administrativo. Porém, muitas vezes, o líder de empreendimento não lança mão de nenhuma dessas alternativas, e acha melhor fazer tudo ele mesmo.

O que normalmente impede que utilizemos esses inestimáveis recursos? Como admitiu um cliente a quem eu estava dando treinamento: "Acontece que eu detesto pedir ajuda!" Como o homem de Marlboro, nos velhos anúncios de cigarro, seguimos adiante nas nossas próprias pernas. E como alguém perdido na estrada, teimosamente nos recusamos a pedir indicações.

Enquanto escrevo este capítulo estou num avião sobrevoando algum lugar do Atlântico Norte, depois de ter passado cinco dias com um líder de empreendimento na Lituânia. Fui trabalhar com esse líder por causa de sua disposição ao deixar-me saber que precisava de minha ajuda. Ao enfrentar os solitários desafios de começar uma nova vida numa cultura estrangeira, ele buscou ajuda e comunicou as suas necessidades. Ao invés de se mostrar o tipo forte e silencioso, que internaliza as suas lutas, ele me mandou um *e-mail* e compartilhou o que

Como o homem de Marlboro, nos velhos anúncios de cigarro, seguimos adiante nas nossas próprias pernas.

estava passando. Não pude deixar de corresponder ao seu pedido de ajuda.

Poucas semanas depois, embarquei num avião rumo à Lituânia a fim de mostrar-me encorajador, ouvinte, consultor e amigo. Agora que volto para casa, sinto que recebi mais do que ofereci. Tive o privilégio de dividir meus dons e desempenhar um pequeno papel ao ajudá-lo a posicionar-se rumo ao sucesso. Ele teve acesso à minha companhia e perspectiva por um tempo muito curto. Nem por um momento, encarei o seu pedido como supérfluo ou como indício de fraqueza. Ao contrário, admirei a sua sabedoria e disposição em busca de recursos externos a ele mesmo que pudessem mostrar-se úteis.

Parte-me o coração saber que líderes se queimam, afundam financeiramente, perdem família ou saúde porque se recusaram a buscar auxílio. O apoio de outros oferece ao líder de empreendimento conselho, instrução, juízo qualificado e talvez até mesmo ajuda financeira. Não é o fim do mundo quando você não consegue fazer tudo sozinho. Há de fato gente lá fora que gostaria de ajudar.

— Por que você não pediu antes? — disseram-me quando solicitei ajuda a respeito de como enviar uma mala-direta — Eu adoraria poder ajudar.

— Mesmo? — perguntei, chocado.

Um conselheiro me disse certa vez: “Procure-me sempre que precisar. Pode ser no meio da noite, não me interessa”.

Hoje em dia a profissão de *coach* (treinador pessoal de negócios) está em ascensão, na medida que os líderes de empreendimento passam a reconhecer a necessidade da assistência de outros. Na proporção que um maior número de pessoas passa a trabalhar por si mesma ou abre o seu próprio negócio doméstico, treinadores de negociação podem ser utilizados para encorajar líderes e ajudá-los a manter-se concentrados em sua missão.

Tradicionalmente, a palavra *coach* (treinador) tem sido usada com relação aos esportes. No século XV, no entanto, a palavra *coach* (coche) referia-se a um veículo de tração animal. O *coach* levava as pessoas de onde elas estavam para onde elas queriam ir.[46] Hoje em dia, mais e mais líderes estão contratando treinadores para ajudá-los a maximizar o seu potencial. Como os coches puxados a cavalo, os treinadores contemporâneos de negócios ajudam os líderes de empreendimento a viajar de onde se encontram para aonde querem chegar. Quer sejam parte de um negócio, de uma organização sem fins lucrativos ou estejam apenas precisando de ajuda para atingir os seus objetivos, as pessoas cada vez mais buscam a ajuda externa na forma de um treinador pessoal de negócios.

O guru de liderança Warren Bennis afirmou:

> *"O treinamento de negócios se tornará um modelo para os líderes do futuro. Os treinadores ensinam, mentoreiam e capacitam. Estou convicto de que a liderança pode ser ensinada, e que excelentes treinadores [...] facilitam esse aprendizado"*.[47]

Um bom treinador de negócios não vai provê-lo de talentos que você não possua, mas ele ou ela ajudará a trazer à tona o que pode estar latente dentro de você. Através de perguntas de sondagem que o ajudam a burilar seus objetivos e valores, um treinador traz o melhor do seu pensamento para o primeiro plano. Em seguida trabalham no sentido de mantê-lo nos trilhos, de modo a que você tenha o seu potencial maximizado e alcance os seus objetivos.

> Um bom treinador de negócios não vai provê-lo de talentos que você não possua, mas ele ou ela irá ajudar a trazer à tona o que pode estar latente dentro de você.

Um bom treinador ajuda também a tornar mais clara a natureza dos obstáculos internos e externos, ajudando-o a desenvolver estratégias para a superação desses embaraços. Um treinador pode além disso, desempenhar um importante papel no sentido de ajudar o seu cliente a prevenir sentimentos de isolamento, que perseguem tantos líderes de empreendimento. Por que suportar confinamento na solitária se você não é obrigado? Para um líder de empreendimento, um treinador pode mostrar-se como o melhor investimento que se pode fazer — um investimento em você mesmo. Se você não consegue sucesso, a decisão de contratar um treinador de negócios pode ter um impacto significativo no seu empreendimento.

Poucas missões significativas podem ser completadas com êxito quando se está sozinho. Se você pedir às pessoas que contribuam com o seu tempo, elas poderão sempre responder-lhe que não, caso não possam ou não queiram se envolver. Na mesma moeda, se você decidir pagar a alguém por uma opinião qualificada, poderá determinar os honorários que tem condições de pagar. Você possui opções.

Portanto, quando você estiver sobrecarregado e precisando de ajuda, dê um sinal. Deixe alguém saber de sua necessidade. Esteja aberto e revele a outra pessoa uma idéia do que está sobre a sua mesa e você não é capaz de fazer sozinho.

Nunca se sabe, o seu empreendimento poderá ser tudo com que essa pessoa sonhava.

REFLITA

Você é alguém que odeia pedir ajuda? O que o tem impedido de fazê-lo? Quem poderia ajudá-lo agora mesmo?

22

Compartilhe a visão

> Que chegou até vós; como também em todo o mundo, está produzindo fruto e crescendo, tal acontece entre vós, desde o dia em que ouvistes e entendestes a graça de Deus na verdade.
>
> Cl 1:6.

Jesus Cristo idealizou e colocou em movimento uma força irreversível chamada Igreja. O apóstolo Paulo capturou essa visão, enxergando a igreja como uma comunidade espiritual que dá sustento aos cristãos e multiplica a si mesma inúmeras vezes. Ele sabia que, para que isso acontecesse, era essencial o compartilhamento de sua visão com outras pessoas.

Embora a igreja estivesse dando ainda os seus primeiros passos, Paulo pintou um quadro em que o evangelho estava produzindo frutos e crescendo *no mundo todo*. Ele compartilhava essa visão *[...] advertindo a todo homem e ensinando a todo homem em toda a sabedoria, a fim de que apresentemos todo homem perfeito em Cristo* (Cl 1:28). Paulo visualizava um tempo em que todos seriam mentoreados espiritualmente, e ninguém seria deixado para trás. Ele encorajava as pessoas a imaginar que a sua experiência se propagaria um dia por todo o mundo.

Como exemplo, Paulo salientava aos colossenses o que eles haviam *aprendido [...] de Epafras*. Epafras era um homem comum que passara a eles o que também havia aprendido. Eles, por sua vez, haviam passado adiante o que tinham aprendido. Esse processo de multiplicação prosseguiria, de modo que cada um pudesse ser apresentado perfeito em Cristo. Era uma visão tão poderosa que a igreja continua a perpetuar essa visão de Paulo hoje em dia.

Comunicar e compartilhar a visão é exatamente o que fazem os líderes de empreendimento. Como o bastão da metáfora, eles passam adiante a visão de uma pessoa para a outra. Eles energizam os indivíduos, motivando-os a fazer aquilo que nunca tinham pensado. Eles convocam outros para a sua causa. Passar a visão adiante pode ser algo simples como pedir que alguém experimente um produto, mas nesse momento algo notável acontece. Como uma linha invisível de luzes brotando da cabeça das pessoas, as visões criam redes do que Elton Trueblood chama de "destacamentos dos comprometidos".[48]

Comunicar e compartilhar a visão é exatamente o que fazem os líderes de empreendimento. Como o bastão da metáfora, eles passam a visão de uma pessoa para a outra. Eles energizam os indivíduos, motivando-os a fazer aquilo que nunca tinham pensado.

Ao longo dos doze últimos anos, Todd Kurland e seu amigo

Jacqui idealizaram e deram início em Boston a uma organização sem fins lucrativos chamada *Papais Noéis Anônimos*, que atende crianças carentes. Essa entidade é parte do que eles chamam seu "planejamento de 500 anos", na convicção de que os seus esforços continuarão a impactar as pessoas daqui a muitos anos. Os dois criaram um evento anual de arrecadação, um baile a rigor de inverno chamado *Snowball*. O evento, que tem o apoio das mais importantes organizações de Boston, levanta fundos para obras de assistência das áreas carentes do centro da cidade, e atrai hoje em dia milhares de interessados. Eles recrutam também grande número de amigos para a participação em caminhadas, passeios de bicicleta e até mesmo um evento de subida de escadas num arranha-céu de Boston — tudo isso como parte do planejamento de 500 anos.

Tenho alguns amigos que sonham criar fundações que promovam treinamento de negócios e consultoria para iniciativas sem fins lucrativos em seus estágios de lançamento. Um outro idealiza um centro de refúgio espiritual em nossa região; um lugar para o qual os líderes possam escapar e aprender a cuidar da necessidade de suas almas. Enquanto escrevo, esse meu amigo está fazendo uma oferta para um terreno a poucas milhas daqui. Outro amigo planeja uma empresa que conceda parte significativa de seus lucros para financiamento de ministérios de oportunidade. Essas todas são visões que esses indivíduos se dispuseram a fomentar e a dividir.

Os fundadores da república dos Estados Unidos idealizaram uma nação "do povo, pelo povo e para o povo". Henry Ford visualizou milhares de carros reproduzidos em larga escala e de preço acessível. Walt Disney visualizou um lugar na Califórnia chamado *Disney Land*. Steve Wozniak e Steve Jobs vizualizaram computadores portáteis dentro da casa das pessoas.

Nada se compara a esse tipo poderoso de idealismo e otimismo, no sentido de conquistar o coração e a fantasia das pessoas, estimulando-as a agir. Uma visão cativante do futuro faz justamente isso. Temos de nos perguntar: *O que estamos construindo nos próximos três ou cinco anos? Nos próximos vinte? No nosso tempo de vida? Nos próximos quinhentos anos?* Quando respondemos de forma definitiva perguntas como essas, desatrelamos com freqüência a imaginação e a energia criativa necessária na superação da enorme inércia que ameaça nos deter antes que comecemos.

"Uma visão é um modelo mental do estado futuro de um processo, um grupo ou uma organização", diz Burt Nanus, autor do livro *Visionary Leadership*. "Como tal", ele prossegue,

> *"ela diz respeito a um mundo que existe apenas em nossa imaginação, um mundo construído sobre especulações plausíveis, fabricadas a partir do que esperamos sejam suposições razoáveis sobre o futuro [...] Um visionário pinta o retrato de um mundo fictício que pode ser observado ou verificado por antecipação [...] Um mundo cuja mera existência requer um ato de fé".*[49]

> "Um visionário pinta o retrato de um mundo fictício que pode ser observado ou verificado por antecipação (...) Um mundo cuja mera existência requer um ato de fé."

Embora uma visão dessa natureza possa não vir naturalmente para todos os líderes de empreendimento, compartilhar a visão é ferramenta essencial do seu arsenal de empreendimento. Uma equipe com a qual trabalhei passava um final de semana em retiro, numa casa de campo junto a um lago, discutindo a visão. A eles era perguntado onde enxergavam a si mesmos em diferentes estágios do futuro, bem como: "Que tal se levássemos nossa visão a sério e ela de fato funcionasse?" "Quais seriam os efeitos secundários?" Como é fácil imaginar, aquele era um fim de semana cheio de energia, e os meses de trabalho seguintes excepcionalmente produtivos.

Você pode achar útil colocar por escrito uma idéia ou um pensamento de visão de sua entidade. Um grupo de líderes, cujo pontapé inicial ajudei a dar, define-se hoje em dia pela sua visão: *The Boston Vision Group*. A seguinte declaração é repetida no início de cada uma de suas reuniões: "Um dia Boston será conhecida como um lugar onde há uma contagiante comunidade cristã para onde quer que se olhe [...] a começar dos seus líderes". E eles estão vendo acontecer.

Mesmo que a sua visão esteja bem definida em sua mente, pode ser necessária uma boa dose de esforço para articulá-la de forma clara, a fim de que outros possam captá-la. Você pode achar proveitoso se submeter a uma série de exercícios. Imagine-se daqui a dez anos no futuro, de modo que você se observe vivendo, e escreva uma carta para si mesmo, hoje. Tome como pressuposto que a visão que você tem agora tornou-se realidade. O que você está fazendo? O que existe que não existia dez anos antes? Que tipo de resultados você está enxergando?

Uma mulher para quem passei esse exercício disse: "Sou agora presidente de minha empresa. Somos reconhecidos como líderes do ramo basicamente por causa de nossos valores. O consumidor aparece em primeiro lugar, valorizamos nossos empregados e tornamos fácil o acesso conosco dos negócios para o consumidor. Temos hoje mais de um bilhão de dólares de receita anual e nossa lucratividade continua subindo a cada ano".

É útil também desenvolver conceitos descritivos ou analogias a fim de compartilhar a visão. Um amigo meu, que é também treinador de negócios, descreve a si mesmo como um minerador. Aos seus clientes, em potencial, ele informa que o seu negócio é minerar ouro do interior de indivíduos e suas companhias. Outra amiga consultora fala do seu papel como o de *desestagnadora*. Ela o define como ajudar organizações a "desemperrar, criando movimento onde as coisas estão estagnadas". Digo sempre a ela que a palavra *desestagnação* estará um dia no Dicionário *Webster's* por causa do seu trabalho. Chegamos a estimar uma data específica!

Pode custar algum esforço antes que uma reação em cadeia verdadeiramente significativa seja colocada em andamento. A inércia suga a maior parte da energia quando o movimento está sendo iniciado, mas pode acontecer que muito depois da partida a sua visão esteja ainda produzindo fruto — no mundo todo.

REFLITA

Imagine-se dez anos no futuro. Do modo que você se observar vivendo, escreva uma carta para si mesmo, hoje. Tome como pressuposto que a visão que você tem agora tornou-se realidade. O que você está fazendo? O que existe que não existia há dez anos? Que tipo de resultados você está enxergando?

23

SEMEIE EM ABUNDÂNCIA

> E isto afirmo: aquele que semeia pouco, pouco também ceifará; e o que semeia com fartura, com abundância também ceifará.
> 2Co 9:6

TODOS NÓS JÁ NOS PERGUNTAMOS em algum momento o quanto podemos nos dar ao luxo de doar. Verificamos o crédito para ver o quanto temos de sobra. O que teremos de sacrificar se resolvermos dar? O que ganharemos em troca?

Stephen Covey popularizou o conceito de "mentalidade da abundância". Trata-se da crença essencial de que existe por aí o suficiente para todo mundo, e que ainda mais é criado quando se dá. Ela se coloca em oposição direta ao que ele chama de "mentalidade da escassez", pois acredita ser muito pouco o que está disponível "por aí".[50] Segundo a mentalidade da abundância, o universo está repleto de recursos. *Eu* não perco nada só porque *você* ganhou alguma coisa. Ou como ensinou-me um amigo: "Quando sobe o nível da água, todos os barcos sobem junto". Ajude os outros a

> "A qualidade de sua vida ativa depende em grande parte de sua pressuposição de um universo de escassez ou de abundância."

conseguir o que querem, e você receberá o que você realmente quer.

Em seu livro *The Active Life* o escritor Parker Palmer apresenta um princípio parecido.

> *"A qualidade de sua vida ativa depende em grande parte de sua pressuposição de um universo de escassez ou de abundância [...] Num universo de escassez, apenas as pessoas que conhecem as artes da competição ou até mesmo da guerra serão capazes de sobreviver. Porém, num universo de abundância, atos de generosidade e de comunhão tornam-se não apenas possíveis, mas também proveitosos".*[51]

E o que semeia com fartura com abundância também ceifará (2Co 9:6). Plante pouco — ganhe pouco. A versão em inglês *Twenth Century* do Novo Testamento diz assim: "Pouca semeadura, pouca colheita; semeadura farta, colheita farta".[52] A imagem implica que o semeador tem a escolha de dar com moderação ou generosamente. Pode, além disso, antever o resultado final.

A abordagem de Paulo não é a tradicional, a da culpa, mas uma de encorajamento — sem recorrer a "devemos" e "temos de". Sem "você é do mal se não fizer assim". O ensino de Paulo a respeito do ato de dar é revigorantemente positivo. Ele expõe um princípio que rege o universo e deixa a decisão com o indivíduo. O apóstolo queria que víssemos o ato da oferta como uma grande oportunidade, como agradável e compensador, e não como uma exigência que forçasse as pessoas a abrir mão de suas coisas. *Cada um contribua segundo tiver proposto no coração, não com tristeza ou por necessidade; porque Deus ama a quem dá com alegria* (2Co 9:7).

O escritor e instrutor de liderança John Haggai disse em seu livro *Lead On* que generosidade gera mais generosidade. Abençoamos e somos abençoados. Favorecemos e somos favorecidos. Ele escreve:

> *"O que você quer? Semeie-o. Conceda-o. Você quer amigos? Conceda amizade. Quer amor? Conceda amor. Quer respeito? Conceda respeito. Os líderes por excelência refletem uma paixão de dar, ao invés de tomar [...] Os exploradores acabam perdendo no final".*[53]

Quando observo o desenvolvimento posterior dos meus colegas de faculdade, começo a perceber uma tendência. Aqueles que parecem acumular riqueza de modo saudável vivem ricos e felizes, e são generosos — algumas vezes incrivelmente generosos. Eles abrem suas casas para os outros e ajudam os necessitados. Atuam nos conselhos de organizações com os quais se importam e fazem doações a suas igrejas e entidades de caridade favoritas. Alguns estão até mesmo envolvidos com os pobres e carentes no aspecto pessoal — e o seu patrimônio continua a crescer em todos os sentidos.

Um amigo meu deu seu carro velho, o qual não precisava mais, a alguém que necessitava. Outro colega de classe pagou para que uma pessoa participasse de um retiro de liderança. Um amigo, dono de uma concessionária de automóveis, faz doações de carros para uso de sua igreja. Outra de minhas colegas, que vive na Europa, está formando um pequeno grupo em sua casa, a fim de mentorear mães em dificuldade. Creio que esses amigos generosos têm uma visão saudável a respeito de dinheiro. Ele não os possui e não os controla, e eles o utilizam como ferramenta para abençoar outros.

A Bíblia é bem clara sobre o princípio espiritual de semeadura e colheita. Aqueles que dão livremente receberão de uma maneira ou de outra. Quando alguns itens são removidos, se cria espaço positivo para mais. É como fazer uma limpeza num armário abarrotado; abre-se espaço para coisas novas. Eles abrem espaço no seu coração e abrem a si mesmos para a possibilidade de crescimento. Corações que acumulam e se fecham ficam apenas estufados. Sufocam crescimento adicional.

Mais bem-aventurado é dar que receber, disse Jesus (At 20:35). Obviamente, esse não é o atalho mais rápido para a riqueza instantânea. No momento que dou, passo a ter quantitativamente menos. Ainda assim, essas palavras comunicam ao nosso coração que há uma grande bênção em dar. Quando doamos, nossos corações se ampliam, e nos tornamos capazes de aceitar mais. Criamos espaço em nossas vidas, e acredito que, de algum modo, Deus enuncia: "Tudo bem, você está pronto para que eu confie mais a você. Sei que você não ficará monopolizando".

Um dos meus clientes, em treinamento, perguntou:

— Mas esse princípio pode mesmo funcionar num mundo de negócios em que todo mundo passa por cima de todo mundo? Eu trabalho com gente bastante agressiva. Alguns deles ficariam felizes de me ver fora do mercado!

— Depende — eu disse. — Você quer lucro a curto ou a longo prazo? Embora não seja sempre fácil de se ver com o olho físico, creio que aqueles que doam receberão, e com tremenda margem de lucro.

Na última vez em que cortei o cabelo me cobraram por engano duas vezes. Quando expliquei a situação, a gerente não apenas pediu desculpas humildemente e retornou meu dinheiro, como me ofereceu ainda um corte gratuito. Ao invés de questionar a minha posição, ela acreditou em mim e demonstrou generosidade. Agindo assim ela manteve o cliente.

> De vez em quando é bom fazer um inventário daquilo que acumulamos, a fim de descobrir aquilo que devemos passar adiante. Devemos abrir espaço em nossos armários, carteiras, corações e até mesmo em nossas agendas.

De vez em quando é bom fazer um inventário daquilo que acumulamos, a fim de descobrir aquilo que devemos passar adiante. Devemos abrir espaço em nossos armários, carteiras, corações e até mesmo em nossas agendas. Que semente semear? Que presentes ofertar? Que necessidade estamos melhor aparelhados para suprir?

Isso requer a fé constante, e como disse Wayne Gretzky, o grande desportista de hóquei: "Você erra 100% por cento das tentativas que não chega a fazer". Talvez seja a hora de começar a crescer na área de doação. Num sentido tradicional, você assumirá um risco; porém, aquele diante de quem você estará assumindo esse risco é inteiramente digno de confiança. Na medida em que der os primeiros passos em direção ao dar, o milagre do crescimento ocorrerá — mesmo que você não seja capaz de enxergar de imediato. Em troca, você receberá o dom da liberdade interior. Como diz o compositor Michael Card: "Não somos capazes de imaginar a liberdade que encontramos nas coisas que deixamos para trás".[54] Paulo acrescentaria: "E passamos adiante".

REFLITA

Porque a generosidade seria um traço positivo para um líder de empreendimento desenvolver? De que forma a sua vida seria diferente, se você vivesse com uma mentalidade de abundância, ao invés de escassez? Que sementes você precisa semear agora mesmo?

24

Encontre virtude na adversidade

> Sabemos que todas as cousas cooperam para o bem daqueles que amam a Deus, daqueles que são chamados segundo o seu propósito.
>
> Rm 8:28

Você já esteve numa situação que parecia tão horrorosa que disse ou pelo menos se perguntou: "Será possível que alguma coisa boa pode advir disso?" Não importa o quanto trabalhemos para evitar, a vida fica complicada. Circunstâncias surgem que nos levam a dizer: "O que fiz para merecer isso? Não era isso que eu estava esperando".

De uma prisão infestada de ratos, em meio à adversidade, Paulo foi de alguma forma capaz de ver o lado positivo. Ele não enxergou a prisão como o fim da linha. Ao invés disso, afirmou que era na verdade um *embaixador em cadeias* (Ef 6:20).

É uma escolha de palavras interessante essa. O dicionário Webster's define *embaixador* como um "mensageiro ou enviado autorizado; representante oficial". *Cadeia* é definido como "aquilo que amarra, restringe ou confina". Juntas, as palavras soam

> A maior parte de nós não inclui o sofrimento como parte do nosso plano estratégico de crescimento, mas podemos usá-lo para nosso benefício.

mais como uma contradição — um *enviado sob confinamento*. Que contraste. No entanto, Paulo se recusava a descrever as suas cadeias como um impedimento. *De maneira que as minhas cadeias, em Cristo, se tornaram conhecidas de toda a guarda pretoriana e de todos os demais*, ele escreveu (Fp 1:31).

Não há dúvida de que Paulo sofreu pela sua causa, mas ele sabia que era livre para escolher a sua reação. Como diz o escritor John Ortberg: "O sofrimento sempre produz em nós uma mudança, nem sempre para melhor".[55] Esse não era o caso de Paulo, nem deveria ser o nosso. A maior parte de nós não inclui o sofrimento como parte do nosso plano estratégico de crescimento, todavia podemos usá-lo para nosso benefício.

Infelizmente, a maior parte de nós parece evitar treinamento severo. Isso me traz à lembrança o título de um livro: *Pain: the gift no one wants* (*Dor — o dom que ninguém quer*).[56] Quando acordamos no chão frio das prisões de nossa própria adversidade, temos o potencial de enxergar na dor uma promessa. Você é capaz de divisar a oportunidade? Esse é o tipo de quadro que faz você reagir dizendo: "Ah, rapaz, estou nessa!"?

Provavelmente, não, porém está ao nosso alcance transformar cenários sombrios em criativos. De limões podemos fazer limonada.

Paulo não era também do tipo que reclamava. Ele era capaz de reconhecer que a dificuldade de sua situação continha o componente de um bem maior. Foi o que ele escreveu à igreja dc Roma: *Sabemos que todas as coisas cooperam para o bem daqueles que o amam* (Rm 8:28). Talvez tenha sido em meio à sua própria adversidade que Paulo aprendeu a lição que nos ensina em Romanos: *[...] sabendo que a tribulação produz perseverança; e a perseverança, experiência; e a experiência, esperança* (Rm 5:3-4).

Por mais difícil que possa parecer, Paulo não via aqueles que o aprisionaram como adversários, pelo contrário, eles se tornaram sua audiência cativa, persuadidos na abordagem de venda do apóstolo. A masmorra proveu também uma oportunidade de direcionar uma iniciativa de *marketing* direto aos militares romanos. Paulo percebeu que as cadeias podiam atrair a atenção para sua mensagem quando as pessoas diziam: "Por que esse homem é considerado perigoso? O que Roma tenta nos impedir de ouvir? Poderia haver algum fundamento nessa mensagem?"

Minha esposa Mindy e sua amiga Kari cunharam um novo termo para oportunidades inesperadas como essa — elas as chamam de "Cenário Q". Quando nossos cenários A, B e C não estão funcionando, Deus pode estar apenas se preparando para colocar em ação o "Cenário Q". Não faz parte do nosso planejamento estratégico original, mas podemos enxergá-lo como uma oportunidade imprevista — uma pérola escondida criada por um grãozinho de areia preso dentro de uma ostra.

O Cenário Q pode ser aquele produto ao qual ninguém dá atenção, a circunstância que negligenciamos ou a pessoa que deixamos de perceber como fonte de sabedoria. No caso de Paulo, ele era um homem acorrentado, trancado numa masmorra, que reconheceu a oportunidade de influenciar o mundo com sua missão. A maioria simplesmente o abandonou. Descartaram-no como um líder fracassado. Ainda assim, escreve Samuel Rima, "é questionável que exista hoje em dia uma pessoa cuja vida não tenha sido de algum modo afetada por esse autônomo fazedor de tendas".[57]

A verdade é que a maioria é incapaz, ou não está disposta, a enxergar esse potencial oculto. Já foi dito que apenas 3% das pessoas caem de cabeça numa idéia no primeiro momento. Os 10% seguintes investirão depois de uma análise cuidadosa. Os 10% subsequentes irão fazê-lo depois de ver um protótipo. A maior parte não reconhece uma oportunidade quando a vê. É uma questão de perspectiva. Thomas Edison inventou a lâmpada elétrica apenas depois de experimentar inúmeros becos sem saída e fracassos aparentes. "Conheço mil métodos de como não se fazer uma lâmpada elétrica", ele disse. Na mesma linha, Winston Churchill disse: "Sucesso é deslocar-se de um fracasso a outro sem perder o entusiasmo".

Craig Hall, presidente do Grupo Financeiro *Hall*, escreveu:

> *"Na minha carreira tenho feito com freqüência coisas que os outros interpretam como muito arriscadas. Diversos imóveis que minha empresa adquiriu se encontravam em péssimas condições físicas e financeiras, freqüentemente inadimplentes. Porém eu via oportunidade onde outros enxergavam problemas".*[58]

Percebo que isso vem mais facilmente para uns do que para outros. Algumas pessoas parecem capazes de saltar de suas camas a cada dia com um sorriso no rosto e uma postura confiante. Elas não se dão ao trabalho de lerem publicações edificantes e de auto-ajuda, porque simplesmente não precisam delas. "E sou assim mesmo, bem despreocupado", disse um amigo meu que opera uma bem-sucedida concessionária de automóveis. "Não consigo entender porque as outras pessoas acham tão difícil enxergar o lado positivo". Creio, no entanto, que pessoas otimistas a esse ponto são uma minoria.

Para o restante de nós, parte da descrição das atividades de nossas vidas deve ser buscada deliberadamente num raio de esperança quando nosso mundo se mostra melancólico e sombrio. Requer esforço. Quer venha da parte de livros de auto-ajuda, caminhadas na floresta, pescarias, massagens ou mentoreamento de gente otimista, a maior parte de nós precisa de ajuda. Cabe-nos encontrar soluções. Ninguém pode fazê-lo em nosso lugar.

PARTE DA DESCRIÇÃO DAS ATIVIDADES DE NOSSAS VIDAS DEVE SER BUSCADA DELIBERADAMENTE NUM RAIO DE ESPERANÇA QUANDO NOSSO MUNDO SE MOSTRA MELANCÓLICO E SOMBRIO.

Não seria difícil colocar a culpa pelos desafios e obstáculos na falta de sorte, de treinamento, na capacidade mental insuficiente, em condições desfavoráveis de mercado, num cônjuge carente ou na falta de capital. Como Paulo, no entanto, podemos deslocar a nossa perspectiva de modo a buscar novas chances na adversidade. Teremos de lutar contra a escuridão na nossa própria alma, e desenvolver o músculo da fé. Cada situação deve ser vista como algo que pode ser revertido para o bem.

A história conta que a mensagem do cristianismo espalhou-se pelo mundo através de soldados romanos que capturaram a mensagem da fé. Embora preso, a mensagem de Paulo continuava livre e Deus a usou para mudar o mundo.

REFLITA

Seriam os desafios que você enfrenta hoje o ponto de apoio para alavancá-lo a um futuro mais brilhante?

25

DEFINA A MISSÃO

> Por intermédio de quem viemos a receber graça e apostolado por amor do seu nome, para a obediência por fé, entre todos os gentios.
>
> RM 1:5

QUANDO FUI LANÇADOR NO TIME de futebol americano de minha escola secundária, tive de enfrentar algumas partidas bem difíceis, marcadas por interceptações e derrubadas de bola. Meus colegas de time (achando-se muito engraçados) criaram, certa ocasião, a sua própria versão da música popularizada por Diana Ross, *Do You Know Where You're Goingo To?* — "Você sabe para onde está indo?" Imagine numa segunda-feira, entrar num refeitório abarrotado da escola secundária e ser saudado por um bando de atacantes parrudos cantando: "Você sabe para quem está lançando? Você não curte os bloqueios que a sua linha ofensiva estava fazendo para você? Para quem você estava lançando? Você sabe?" Infelizmente, eles estavam certos. Eu não havia enxergado meus recebedores com clareza naquele final de semana.

Aqueles associados a você, no que diz respeito à sua missão, precisam saber: "Você sabe para onde está indo?" Eles precisam saber qual é seu rumo, como você planeja chegar lá e porque está fazendo isso. Poucos se comprometerão a menos que saibam. Como disse um pregador: "Se o púlpito está nublado, o banco fica nebuloso". Se o que fazemos está numa fração mínima indistinto em nossas próprias mentes, ficará muito mais confuso para os outros. O livro de Provérbios fala dessa necessidade de objetividade: *Não havendo profecia, o povo se corrompe* (Pv 29:18).

> "CONHECER O SEU DEPOIMENTO DE MISSÃO PESSOAL É A MAIOR GARANTIA DE CARREIRA QUE VOCÊ PODE TER, PORQUE A PARTIR DO MOMENTO QUE VOCÊ ESTIVER CONVICTO DAQUILO QUE FOI COLOCADO AQUI PARA FAZER, POR EXEMPLO, 'EMPREGOS' PASSAM A SER UM MEIO DIRECIONADO AO CUMPRIMENTO DA SUA MISSÃO, E NÃO FINS EM SI MESMOS."

Em seu livro *The Path* Laurie Beth Jones comenta sobre esse assunto.

"Conhecer o seu depoimento de missão pessoal é a maior garantia de carreira que você pode ter, porque a partir do momento que você estiver convicto daquilo que foi colocado aqui para fazer, por exemplo, 'empregos' passam a ser um meio direcionado ao cumprimento da sua missão, e não fins em si mesmos".

Para uma organização isso é ainda mais importante.

"Governos, tanto quanto empresas e indivíduos, lutam diariamente por uma definição de sua área específica de responsabilidade. Há

uma carência por objetivos, por um discurso que crie os limites entre aquilo que estamos fazendo e o que não estamos".[59]

Paulo era capaz de definir, articular e apresentar com clareza o que ele havia sido chamado para fazer, e freqüentemente o fazia no início de suas cartas. "Sou Paulo, e minha missão é *por intermédio de quem viemos a receber graça e apostolado por amor do seu nome, para a obediência por fé, entre todos os gentios* (Rm 1:5). Sua declaração de missão tripartida pode servir de modelo para nossas próprias declarações.

Em primeiro lugar, Paulo estava engajado ativamente numa tarefa — seu *chamado*, sua *missão*. Paulo era um comunicador, e esse era o seu meio de proclamar e convidar. Em segundo lugar, o *público-alvo* da atividade de Paulo eram os gentios. E, terceiro, o *resultado* que Paulo buscava obter era que os gentios se tornassem obedientes através da fé, resultando em vidas transformadas. Minha declaração pessoal de missão é a seguinte: "Propiciar que visionários transformem seus sonhos em realidade". A atividade é *propiciar*. O público-alvo são os *visionários*. O resultado é que eles *transformem seus sonhos em realidade*. Escrever este livro está coerente com minha declaração de missão.

Há naturalmente inúmeros recursos que podem ajudá-lo a burilar a sua própria declaração de missão, mas você pode poupar-se de muitas despesas se apenas aplicar a técnica de Paulo. A chave está em definir a sua realidade interior. A sua declaração de missão será, com toda a probabilidade, descoberta, não inventada. Ela já existe nos seus desejos ou na atividade que está se desenvolvendo. Tudo que você precisa é expressá-la em palavras que criem os limites e as definições que articulem com clareza a sua missão.

Comece se perguntando que atividade a sua organização persegue neste momento. Você está, por exemplo, comunicando, servindo, construindo, ajudando, estabelecendo, inventando, criando ou doando? Normalmente é a sua atividade que o movimenta ou representa o que você faz melhor. Você provavelmente adora fazê-lo, e basta pensar no assunto para despertar um certo entusiasmo. É a sua paixão.

O passo seguinte é definir quem ou o que é o seu público-alvo. Para Paulo, especificamente, eram os gentios. Para você pode ser um grupo de pessoas — como, por exemplo, líderes, pessoas do sexo masculino, profissionais, micro-empresários, crianças carentes, moradores de Miami, advogados ou mães. Quanto ao projeto, podem ser preocupações como reforma previdenciária, moradia urbana, derivados de leite de qualidade, eventos recreativos de alto nível ou atendimento de saúde a preços razoáveis.

Finalmente, o que você espera realizar com a sua atividade? Isso responde a pergunta: "Qual eu quero que seja o meu resultado?" O provimento para que outros passem a experimentar um estilo de vida mais saudável, um padrão de vida elevado, espiritualidade autêntica ou lucros maiores para você e seus investidores.

> A sua declaração de missão será força vital do seu empreendimento. Ela estimulará outras pessoas, que reagirão participando de bom grado.

Quando você a tiver definida, abra sua missão para o público. Diga aos outros. Paulo escolheu o início das suas cartas como seu veículo para fazer isso. A Companhia de Seguros *Kelly*, em Maryland, reservou para a sua declaração de missão um lugar de destaque no seu saguão de entrada, e decorou com ela o seu material impresso. Não há como deixar de saber que eles valorizam e servem seus fornecedores e clientes, e buscam honrar a Deus no modo como desenvolvem seus negócios.

Os fabricantes do sorvete *Ben & Jerry's*, dividem sua missão em três partes: uma missão de produto, uma social e uma econômica. Cada uma delas está gravada nos muros de suas fábricas. É uma declaração pública para consumo interno e externo. Outro exemplo é o da *Tom's of Maine*, que produz creme dental e outros produtos de higiene pessoal apenas com ingredientes naturais. Eles oferecem um curso trimestral, a fim de que todos os seus associados compreendam completamente a missão da companhia.

A sua declaração de missão será força vital do seu empreendimento. Ela estimulará outras pessoas, que reagirão participando de bom grado, freqüentemente por razões além do ganho financeiro. Elas podem querer simplesmente ser parte de algo significativo que fará do mundo um lugar melhor.

Com sua missão firmemente estabelecida, Paulo permaneceu seguro e capaz de superar os obstáculos: *[...] nas aflições, nas privações [...] nos açoites, nas prisões, nos tumultos, nos trabalhos, nas vigílias, nos jejuns* (2Co 6:4-5). Aos anciãos da igreja de Éfeso ele escreveu: *Jamais deixando de vos anunciar coisa alguma proveitosa e de vo-la ensinar publicamente e também de casa em casa* (At 20:20). Paulo estava determinado a cumprir a sua missão, de tal forma que, no fim da vida, pôde escrever com confiança: *Combati o bom combate, completei a carreira, guardei a fé* (2Tm 4:7).

Se você ainda não o fez, crie uma declaração de missão que sirva de baliza para todos que a lerem. Encontre-a. Defina-a. Coloque-a em ação, e deixe-a guiá-lo aos resultados que você deseja.

REFLITA

Quais são os benefícios de se ter uma declaração de missão claramente definida? Pessoalmente? Para a sua organização?

26

Deixe os "nãos" para lá

> Uns escarnearam, e outros disseram: A respeito disso te ouviremos noutra ocasião.
> At 17:32

Já *desdenharam* de você? Em inglês, a palavra soa como é sentida: *sneer. Significa* "demonstrar desprezo através de uma expressão facial específica". Lembro algumas experiências de infância com meu (agora bastante regenerado) irmão mais velho. "Você o quê?", ele dizia com uma sobrancelha elevada e a boca retorcida. Pode estar certo de que isso não caiu bem no cérebro desse menininho aqui. Consigo ainda, como se fosse ontem, visualizar o rosto dele e sentir a depressão que recaía sobre mim.

Paulo sabia o que era ser olhado com desdém justamente pelas pessoas que tentava ajudar. Para a maioria dos atenienses, o discurso de Paulo sobre a ressurreição dos mortos era ao mesmo tempo ultrajante e ridículo. Era cômico. O conceito em si, que o apóstolo acreditava que um homem podia de fato retornar dos mortos, era absurdo. Alguns reagiram com desprezo descarado. Outros ouviram polidamente, mas não ficaram convencidos. Alguns ainda sugeriram estar dispostos a ouvi-lo falar mais a respeito, numa ocasião posterior. Em outras palavras, eles assumiram uma atitude do tipo "veremos".

Infelizmente, a maior parte dos líderes de empreendimento enfrentará olhares de desdém, "de-jeito-nenhum" e atenciosos "nãos". Você com toda a probabilidade sabe do que estou falando: o "não" do investidor, o "não" do cliente potencial, o "não" daquele de quem se esperava uma aquisição certa, e até mesmo o "não" do governo. Em determinado momento, Paulo e Barnabé, *sacudindo contra aqueles o pó dos pés* (At 13:51), disseram simbolicamente: "Não temos mais nada a ver com vocês". Hoje em dia nós simplesmente lavamos as mãos e deixamos de nos comunicar com a pessoa. Pegamos nossas coisas e vamos para outro lugar.

Você pode imaginar como as pessoas reagiram quando Cristóvão Colombo propôs que a Terra era redonda? "Sem chance!" Abraham Lincoln conheceu a sua parcela de "nãos" quando se candidatou repetidas vezes a um cargo público e perdeu. Depois veio Thomas Edison, que dizia ter inventado incontáveis métodos de *não* se inventar a lâmpada elétrica. Mas, embora estejamos em boa companhia, ainda é difícil para a maioria ouvir a palavra *não*. Desgostamos da sensação de sermos rejeitados, escolhidos por último ou ignorados de todo. Preferíamos não ouvir "não, obrigado" ou "não desta vez" daqueles que não querem comprar as nossas idéias.

> NÃO IMPORTA O NÚMERO DE VEZES QUE RECEBAMOS UM "SIM", TEMOS AINDA DE APRENDER A LIDAR COM OS "NÃOS".

Não importa o número de vezes que recebamos um "sim", temos ainda de aprender a lidar com os "nãos".

Em meio ao processo de se levantar dinheiro para uma organização sem fins lucrativos, alguém me lembrou sabiamente:

> *"Tenha em mente, Jeff, que o "não" de uma fundação ou uma pessoa não significa rejeição pessoal, mas uma recusa à oportunidade. Talvez a ocasião seja a menos propícia ou a vantagem oferecida desagrade. Depois, veja os seus 'nãos' recebidos como um momento especial do dia, que as pessoas lhe deram. Elas sabem que você está pedindo algo, que no mínimo foi ouvido".*

Você acredita que os "nãos" recebidos são raramente pessoais? Na maior parte dos casos, as criaturas que lhe respondem um "não" de forma alguma pensam tratar-se de uma rejeição pessoal. É possível que elas não tenham compreendido o que você tinha para oferecer. Talvez tenha até mesmo sido melhor você não contar com elas! Já é hora de deixar as preocupações, as perguntas e seguir adiante. Pense na coisa como um vendedor. Ele fica entusiasmado com o fato de que, a cada "não" recebido estatisticamente, mais próximo ele se encontra de receber um "sim". Caso algum "não" o tenha jogado por terra, levante-se, sacuda a poeira e prossiga para a pessoa seguinte.

Paulo demonstrava uma disposição implacável e determinada de prosseguir espalhando a semente, despreocupado com os resultados. *Naquele mesmo dia, saindo Jesus [...] e grandes multidões se reuniram perto dele, [...] E de muitas cousas lhes falou [...] o semeador saiu a semear. E, ao semear, uma parte caiu à beira do caminho, e, vindo as aves, a comeram. Outra parte caiu em solo rochoso, onde a terra era pouca, e logo nasceu, visto não ser profunda a terra. Saindo, porém, o sol, a queimou [...] Outra caiu entre os*

> Por vezes, a sua tarefa é apenas continuar a pedir. Continue insistindo pelo pedido de compra. Continue buscando investimento e convidando outros a participar. Cada vez que você pede, existe a chance de receber um "não", mas você vai acabar ouvindo um "sim".

espinhos, e os espinhos cresceram e a sufocaram. Outra, enfim, caiu em boa terra e deu fruto: a cem, a sessenta e a trinta por um (Mt 13:1-9).

Por vezes, a sua tarefa é apenas continuar a pedir. Continue insistindo pelo pedido de compra. Continue buscando investimento e convidando outros a participar. Cada vez que você pede, existe a chance de receber um "não", mas você vai acabar ouvindo um "sim". Você deve prosseguir deixando os "nãos" para lá: apenas siga adiante.

A sua disposição em confiar em Deus, no que diz respeito aos resultados, representará significativos dividendos em você e através de você. É lógico, alguns dirão "não", mas você descobrirá, como Paulo, que alguns acabarão por ouvir. Outros dirão "sim". *Houve, porém, alguns homens que se agregaram a ele e creram* (At 17:34). O lucro a longo prazo valeu o custo a curto prazo.

REFLITA

Por que é importante que você deixe os "nãos" para lá? De quem são os "nãos" particularmente difíceis de você enfrentar? De que "nãos" você precisa para abrir mão do agora e seguir adiante?

27

AJUDE-OS A SUBIR

> A Timóteo, verdadeiro filho na fé, graça, misericórdia e paz, da parte de Deus Pai e de Cristo Jesus, nosso Senhor.
>
> 1Tm 1:2

NUMA ENTREVISTA PARA A REVISTA *Fast Company*, o general Peter Scheumacher, comandante de Operações Especiais do Exército dos Estados Unidos, disse a Eli Cohen e Noel Tichy:

> *"Se você está no comando de uma companhia de fuzileiros ou de uma equipe da FOE (Força de Operações Especiais), existe sempre a chance de que você mesmo seja a vítima do primeiro projétil [...] Caso isso aconteça, e a unidade que você treinou mostre a disciplina e o caráter necessários de modo a alcançar o seu objetivo sem você, isso é um reflexo do seu compromisso e da sua contribuição pessoal".*[60]

O princípio descrito por Scheumacher poderia ser batizado de "ajude-os a subir". Em outras palavras, ensine-os a fazer o seu trabalho — duplique-se. Era exatamente isso que Paulo exemplificava e ensinava. Ele se recusava a ver as pessoas como paroquianos passivos, sentenciados a habitar um banco de congregação. Ao invés disso, ele as trazia para a esfera da liderança. O apóstolo enxergava potencial e o colocava em execução. A Timóteo, verdadeiro filho na fé, ele escreveu: *E o que de minha parte ouviste através de muitas testemunhas, isso mesmo transmite a homens fiéis e também idôneos para instruir a outros* (2Tm 2:2). À igreja da Galácia, Paulo falou da agonia que experimentava até que *Cristo fosse formado* neles (Gl 4:19). Certamente o objetivo de Paulo não era permanecer o senhor sabe-tudo à frente de um espetáculo comandado por um único homem: ele proporcionava aos outros a oportunidade de crescer. Encorajou Tito a, *[...] em cada cidade, constituísses presbíteros* (Tt 1:5). Exortou as mulheres de mais idade a *fim de instruírem as jovens* (Tt 2:4).

Na entrevista, o general Scheumacher disse: "Todo mundo precisa aprender a ser um líder. Todos devem ser capazes de destilar 'soluções criativas' em circunstâncias ambíguas".[61] O quanto você está disposto a criar esse tipo de cultura de liderança? A formar um ambiente em que os pontos fortes dos outros sejam cultivados e floresçam? Isso pode implicar na decisão de contratar ou autorizar pessoas mais competentes do que você em determinada área. Você abriria espaço a elas para que falassem,

> O QUANTO VOCÊ ESTÁ DISPOSTO A CRIAR ESSE TIPO DE CULTURA DE LIDERANÇA? A FORMAR UM AMBIENTE ONDE OS PONTOS FORTES DOS OUTROS SÃO CULTIVADOS E PODEM FLORESCER?

enquanto ficaria sentado, silenciosamente, tomando notas? Você permitiria que elas recebessem reconhecimento da mídia e da administração, ou se sentiria ameaçado e as silenciaria? Humildemente, você permitiria que outros fizessem o que fazem melhor?

Fica claro que Paulo era um gênio no que dizia respeito ao desenvolvimento de pessoas. Ele conhecia indivíduos com um traço de potencialidade e convidava-os a embarcar num processo de crescimento. Esse homem cria que mesmo o mais inexperiente recruta era capaz de embarcar num processo de formação espiritual e treinamento de liderança. Seu objetivo não era apenas persuadir as pessoas a aceitar a sua mensagem. Queria também que experimentassem uma transformação completa, e o desenvolvimento de uma equipe de líderes em permanente expansão.

Os líderes de empreendimento têm a oportunidade de colocar em uso os vastos recursos do potencial humano inexplorado. Como já mencionado, boa parte das pessoas utiliza cerca de 10% do seu potencial. Dentro do cérebro humano jazem vastas cavernas de intocada capacidade de crescimento e atividade. O que aconteceria se um grande número de pessoas visualizasse o que poderia vir a ser e buscasse alternativas no sentido de concretizar a visão? Se os líderes de empreendimentos vissem como parte de seu trabalho a liberação de vastos recursos humanos ainda inexplorados, certamente ajudariam as pessoas a ser o que quisessem.

Uma líder de uma grande empresa de software me disse que um dos seus objetivos primários é prover experiência e colocar em destaque aqueles que gerencia. “Quando eles recebem melhores oportunidades, passo a ser a maior fã deles”, diz ela. “Quero vê-los voar”.

Aqueles que têm experiência em posições de liderança podem ser obrigados a admitir que um significativo ponto de estrangulamento, no sentido de um crescimento dinâmico, pode ser a nossa falta de disposição em seguir este princípio. Temos permitido que nosso orgulho e o medo da exposição nos impeçam de desenvolver os líderes ao nosso redor. Não os trazemos junto conosco. Temos nos agarrado a responsabilidades que outros teriam prazer em dividir se os deixássemos. Tentamos ser os sabe-tudos especializados, ao invés de formar uma equipe à qual pudéssemos delegar, permitindo que a organização fosse conduzida mais eficientemente. A verdade é que, se soltarmos a mão, isso nos libertará para desenvolvermos potencial inexplorado em nós mesmos.

Felizmente, muitos hoje em dia estão reconhecendo este erro e produzindo mudança. Na igreja, muitos estão redescobrindo a idéia do ministério baseado nos dons; capacitar a todos para cumprir o propósito de cada um. Uma "nova reforma" está surgindo, que inclui a convicção de que cabe aos líderes da igreja *aperfeiçoamento dos santos para o desempenho do seu serviço* (Ef 4:12). Os líderes estão aprendendo a repartir influências, além de permitir a liderança, o ensinamento e o trabalho/serviço daqueles que possuam esses dons. Os líderes estão encorajando as pessoas a superá-los. E estão aprendendo a criar um ambiente em que é normal colocar a mão na massa, cometer erros e encontrar novas oportunidades. Como escrevem Cohen e Tichy: "Na Força de Operações Especiais, os heróis são professores".[62]

Impossível chamar todos para ocupar o mesmo lugar. Não se deve exigir das pessoas coisas que já não façam parte delas de algum modo, sob alguma forma. Ao contrário, o líder de empreendimento observa as pessoas e analisa o que fazem bem e não tão bem. É útil descobrir o que as pessoas fizeram no passado e o que puderam realizar. Pergunte a elas de que realizações se orgulham mais, mesmo que do tempo da infância. Busque em seguida padrões de motivação. Observe o que as estimula e as proveja com oportunidades de engajamento em ações semelhantes.

> OS LÍDERES ESTÃO ENCORAJANDO AS PESSOAS A SUPERÁ-LOS.

O que poderia acontecer se você fosse corajoso o bastante para se tornar discípulo dos seus protegidos nas áreas em que eles são mais fortes? Se saíssemos à busca daqueles com talento de liderança latente e os ajudássemos a visualizar um futuro em que eles são as peças-chave? Se repartíssemos as melhores oportunidades? Você visualiza esse tipo de propostas para os seus empregados?

A curto prazo, esse tipo de crescimento pode parecer intimidador. Você estará assumindo um risco. A longo prazo, no entanto, não há erro — todos saem ganhando.

REFLITA

Quais são as razões que levam tantos a falhar no que diz respeito a "ajudar os outros a subir"? Quais são os seus métodos de ajuda aos outros para a subida? De que modo você pode crescer nessa confiança?

28

Deixe claro o que é importante

> Todavia, que importa? Uma vez que Cristo, de qualquer modo, está sendo pregado, quer por pretexto, quer por verdade, também com isto me regozijo, sim, sempre me regozijarei.
> Fp 1:18

Embora fosse continuamente bombardeado por agendas e sistemas de crenças divergentes, Paulo sabia como responder à pergunta: "O que é mais importante?" Para ele, importante era que *Cristo seja pregado*. Sua convicção universal era que, em comparação com essa, suas outras atribuições perdiam a prioridade. Sua missão era mais importante do que perseguir aqueles com métodos falhos e ambições erradas, mais importante do que convencer os outros a obedecer regras e regulamentos religiosos. Ao deixar claro o que era mais importante ele mostrava saber o que fazer e o que *não fazer*. Algumas vezes essa última coisa é mais valiosa do que a primeira. Você já se perguntou ultimamente: "O que *não vou fazer hoje*"?

A cada dia eu e você recebemos de presente 86.400 segundos de tempo para usá-los do modo que acharmos melhor. Não podemos levar nenhum deles para o dia seguinte ou alongá-los de qualquer forma. Ninguém tem mais ou menos. O tempo parece com freqüência hostil e implacável, especialmente quando há tantas coisas que *poderíamos* fazer. A teóloga Dorothy Bass afirma que, para muitos de nós, "o tempo permanece sendo fonte não apenas de pressão como também de culpa e julgamento (...) Enganamos a nós mesmos com a crença de que, se pudermos fazer tudo, amarrar todas as pontas soltas, antecipar a maré, ao menos uma vez, estaremos provando dessa forma o nosso valor e nos tornaremos mais seguros".[63]

Stephen Covey dá a um dos capítulos do seu livro, *Principle Centered Leadership*, o título de "A coisa mais importante é manter a coisa mais importante como a coisa mais importante".[64] Em outras palavras, não perca a floresta tentando salvar as árvores. Permaneça no curso. Faça o que importa. Paulo teria certamente concordado.

Para muitos de nós a idéia de manter a coisa mais importante como a coisa mais importante apresenta um dilema significativo. Qual é a coisa mais importante? Sabê-lo nem sempre é fácil, especialmente se você é o seu próprio patrão e não tem um superior para impor as prioridades. Com freqüência ajuda perguntar: Qual é a coisa principal? A coisa principal para a companhia? Para mim? Esta semana? Qual é a coisa mais importante para hoje? Sabemos que interrupções e outros itens em nossas agendas se intrometerão para nos distrair. Temos de aprender a nos concentrar no que mais importa.

O livro de Talane Miedaner a respeito dos princípios de treinamento de negócios, apresentou-me o hábito de fazer três perguntas muito úteis:

- Qual é a coisa mais importante para hoje?
- O que precisa ser feito hoje?
- O que é importante para o futuro?[65]

Temos de aprender a nos concentrar no que mais importa.

Escreva essas questões num diário ou numa agenda, e as responda. Faça-o diariamente, se possível. Tente por uma semana. Alguns dias você descobrirá que a coisa mais importante é a sua saúde. Outro dia o descanso estará no topo da lista. Em outros dias, o seu casamento, tempo com a família, oportunidades de serviço ou crescimento espiritual podem merecer a máxima prioridade. Talvez você esteja precisando gastar tempo com um membro-chave da equipe. Outras vezes determinados projetos se elevarão claramente para o topo da lista.

Pessoalmente, quando começo o dia com essas perguntas e as repenso à noite, relaxo. Estou mais calmo e me concentro mais — em última análise, estou mais produtivo. Não perco tempo com banalidades. Na verdade, fica mais fácil agora, para mim, reconhecer as coisas que se encaixam nessa categoria. Passo a agir naquilo que realmente quero e preciso fazer. Adoro o que Hyrum Smith disse em seu livro *Ten Natural Laws of Sucessful Time and Life Management*:

> *"O conceito simples de assegurar que nossas atividades diárias reflitam nossos valores essenciais mais profundos é o conceito que fez toda a diferença em minha vida".*[66]

O processo de determinar o que é mais importante também define os valores de sua organização ou empreendimento. Pergunte a si mesmo:

> *"Qual é a coisa mais importante para a nossa organização? O que precisamos providenciar que seja feito? Qual é a coisa mais importante para o nosso futuro?"*

> "O TEMPO É NEUTRO", DISSE WINSTON CHURCHILL, "MAS PODE SER TRANSFORMADO NUM ALIADO DAQUELES QUE SE APODERAM DELE E USAM-NO EM TODO O SEU POTENCIAL."

Escreva em seguida as respostas a cada pergunta e as coloque em algum lugar onde possam ser vistas. Fazer esses questionamentos pode ser um excelente modo de começar um novo ano ou prover um tema para um retiro administrativo.

"O tempo é neutro", disse Winston Churchill, "mas pode ser transformado num aliado daqueles que se apoderam dele e usam-no em todo o seu potencial." Essa habilidade de apoderar-se do tempo começa mais provavelmente quando você determina o que "em todo o seu potencial" significa para você. Uma vez que isso fique claro, se dedique ao que tem maior valor para você. Creio ser seguro afirmar que ninguém em seu leito de morte jamais diz, arrependido: "Droga, fiz coisas realmente importantes em demasia".

Tome posse do seu dia e, ao invés de trabalhar para ele, faça o seu tempo trabalhar para você.

REFLITA

Por que manter a coisa mais importante como a coisa mais importante é tão importante para você na qualidade de líder de empreendimento?

29

Associe-se a outros

> Paulo e Barnabé demoraram-se em Antioquia, ensinando e pregando, com muitos outros, a palavra do Senhor.
>
> At 15:35

Todos já entramos em relacionamentos com a melhor das intenções para experimentar, mais tarde, conflitos na química, na visão, nos valores. Problemas com pessoas podem mostrar-se os mais perturbadores e exigentes que teremos de enfrentar — emocional, espiritual e profissionalmente.

— Ah, relacionamentos! — diz meu amigo Tom. — São *coisa difícil*.

Outro amigo, John, conta que sonha fazer uma travessia pelo país, sozinho, numa [motocicleta] Harley, somente para escapar por algumas horas de alguns desafios com pessoas. Há também aquele painel publicitário no centro de Boston, que anuncia chá gelado. Ao nome da companhia seguem-se as palavras "Negócio familiar desde 1976" e, em letras pequenas, embaixo: "Sim, estamos no momento em terapia".

Trabalhar com pessoas pode ser complicado porque cada um de nós traz para a mesa traços individuais de personalidade, diferentes visões de mundo, históricos e modos de fazer as coisas. Não é de se admirar que algumas vezes não consigamos nos entender.

Paulo não desconhecia as águas turbulentas da associação com parceiros. Ele enfrentou conflito com Pedro por causa de divergências doutrinárias; uma *grave diferença de opinião* com Barnabé que fez com que cada um fosse para o seu lado (At 15:39); e a punhalada de um homem chamado Alexandre que, diz Paulo, *causou-me muitos males* (2Tm 4:14).

Por mais complicadas que possam ser as pessoas, no entanto, as recompensas da associação com outros superam e muito os riscos. A despeito de suas experiências negativas, Paulo trabalhava ainda em parceria com apóstolos, líderes e pregadores. Ele contava com esses parceiros para dividir as cargas, as alegrias e as oportunidades. Ele praticava sinergia — fazer em conjunto mais do que indivíduos possam fazer isoladamente — muito antes que ela fosse definida como "hábito das pessoas altamente eficazes".[67]

Paulo se aliou a Barnabé, depois a Silas e, quando crenças-chave precisavam de definição, *aos apóstolos e aos presbíteros* (At 15:22). Mais tarde ele trabalhou junto de Timóteo e fabricou tendas com Áquila e Priscila (At 18:2-3). Em Antioquia, trabalhou, *ensinando e pregando, com muitos outros, a palavra do Senhor* (At 15:35). Todas essas pessoas eram semelhantes a Paulo no que dizia respeito a sua missão e seus valores, porém diferiam muito em dons e temperamento.

Alguns líderes de empreendimento acham proveitoso criar equipes de duração limitada ou de projeto, mas é fato que outras pessoas podem contribuir com um empreendimento sendo parte de uma equipe de pesquisa e desenvolvimento, colaborando no planejamento de um projeto específico. É surpreendente quanta contribuição as pessoas estão dispostas a oferecer, sem qualquer custo, apenas porque estão interessadas no que a outra parte está fazendo. Da próxima vez que você estiver trabalhando num projeto, convide alguém que demonstre interesse a ser parte de uma equipe de duração limitada, e veja o que acontece.

Talvez fosse útil entrar em parceria com quem presta serviços complementares ou relacionados. A cooperação pode ser por um período específico de tempo ou até que certos resultados tenham sido alcançados. Talvez os parceiros ofereçam credibilidade ou expandam a sua esfera de influência. Se você é uma empresa pequena (ou de uma única pessoa) em fase de lançamento, uma aliança estratégica dessa natureza é muito valiosa e provê o apoio de relacionamento que você está buscando.

Algumas pessoas se adaptam melhor do que outras a arranjos de parceria. Bom é fazer o que funcione melhor no seu caso. Analise o seu passado em busca de indícios. Na quarta série, de que forma você se relacionava com os seus colegas? Você possuia um companheirão? Você passava tempo com um grupo de amigos chegados ou era um solitário? Você era sempre o líder ou, com maior freqüência, um seguidor?

As melhores parcerias de colaboração, via de regra, são com quem é exatamente como você, embora tragam para a mesa habilidades e atributos diferentes. Pode ser que eles compartilhem da mesma missão ou visão, todavia possuam pontos fortes e talentos diversos. Um indivíduo é excelente no que diz respeito a organização, detalhes e finanças, enquanto outro é exímio em espalhar a visão e vender. Uma pessoa ama projetar e desenvolver produtos, outra prefere dirigir o negócio e fazê-lo chegar ao mercado.

> As melhores parcerias de colaboração, via de regra, são com quem que é exatamente como você, embora tragam para a mesa habilidades e atributos diferentes.

Os relacionamentos de colaboração aparecem em todo lugar. Alguns com que estou pessoalmente familiarizado são o de Ben e Jerry, da famosa marca de sorvetes que leva o nome deles e; na região de Boston, o de Barry e Eliot da Móveis *Kaufmanns*. Meus bons amigos Vance e Steve são também colaboradores bem-sucedidos na Fundação do Coração.

Parceria e terceirização com outros especialistas é uma tendência crescente. Na próxima vez que você for a um aeroporto norte-americano, preste atenção aos nomes de várias das lojas e máquinas de venda automática: *Ben & Jerry's, Bath and Body Works, Seattle's Best, Cinnabon* e *Au Bon Pain*. Foi-se o tempo da comida ruim de aeroporto ou das lojas de lembranças de baixa qualidade. Os diretores dos aeroportos perceberam que precisam se ater a dirigir aeroportos, e deixar que os especialistas façam café e bolinhos recheados. O resultado é um ambiente agradável em que os viajantes gastam seu tempo entre um vôo e outro. E é um excelente exemplo de sinergia em ação.

Muitos passaram a enxergar até mesmo as vendas como um modo de associar-se a outros. *Stop Selling, Start Partnering* — "Pare de vender e comece a se associar", diz o título do livro de Larry Wilson.[68] A tese de Wilson é que, ao invés de enxergar o seu trabalho como "fazer com que os outros comprem", você deveria enxergar a sua especialidade como complementar à deles. Pergunte-se como você pode ajudá-los a fazer o que fazem melhor. Crie produtos ou serviços de valor que satisfaçam a necessidade real de outros.

O princípio bíblico é claro.

> *Melhor é serem dois do que um, porque têm melhor paga do seu trabalho. Porque se caírem, um levanta o companheiro; ai, porém, do que estiver só; pois, caindo, não haverá quem o levante (...) o cordão de três dobras não se rebenta com facilidade* (Ec 4:9-10, 12).

Você não precisa fazer tudo sozinho ou mesmo saber tudo sozinho. Aprenda meios de compreender com os outros. Quando surgirem conflitos, e eles surgem, supere as diferenças. Forme alianças que estabeleçam expectativas. Construa parcerias de confiança em que ambas as partes saiam ganhando. Você não quererá entrar em parceria com qualquer um. Seja sábio na escolha de parceiros, mas depois se associe a eles e aproveite a viagem.

REFLITA

Que qualidades você deve buscar numa boa equipe? Quais seriam os benefícios de desenvolver relacionamentos de colaboração? Quais são as desvantagens?

30

FAÇA O QUE FOR PRECISO

> Tudo faço por causa do evangelho, com o fim de me tornar cooperador com ele.
>
> 1Co 9:23

AO LONGO DA HISTÓRIA as pessoas já rotularam Paulo de várias características: fanático, invejoso, chauvinista e teimoso. Certamente ninguém jamais o acusou de ser sem iniciativa, desanimado e indiferente. Paulo se entregava de corpo e alma ao seu chamado, à sua mensagem, à comunidade de sua igreja; ele seguia a Deus obstinadamente. Ele tinha fome. Uma vez comprometido, recusava-se a voltar atrás. Hoje em dia, o impacto da determinação de Paulo reverbera ao redor do mundo. *[...] para mim, o viver é Cristo, e morrer é lucro*, dizia ele (Fp 1:21). *[...] Fiz-me tudo para com todos, com o fim de, por todos os modos, salvar alguns. Tudo faço por causa do evangelho* (1Co 9:22-23).

Cervantes observou: "Não há no mundo melhor tempero do que a fome". Fome é aquela sensação inquietante que exige satisfação. É um desejo profundo — uma sensação perturbadora

> "Não há no mundo melhor tempero do que a fome".

que nos estimula à ação. Algumas vezes se trata de uma insatisfação divina com o que *é*. Outras vezes, um desejo por mais daquilo que *poderia ser*. Paulo queria mais. Ele era compelido na direção da excelência para a glória de Deus. Se há algo que todos os líderes de empreendimento têm em comum é o coração faminto do explorador. Um desejo ardente de, pelo menos, tentar. O entusiasmo levava Paulo a embarcar numa viagem missionária após a outra.

Esse mesmo entusiasmo levou Ernest Shackleton a rumar para a Antártica em 1914. Ele comprou um barco chamado *Endurance* e colocou um anúncio num jornal londrino recrutando vinte e sete homens para se juntar a ele na sua conquista — homens que colocaram voluntariamente em risco a sua saúde, segurança, sanidade e vida na busca de uma rota terrestre para o Pólo Sul. Quando o gelo triturou e destruiu o navio, diligentemente esses indivíduos lutaram contra esmagadoras adversidades para encontrar um caminho de volta à segurança. O mesmo comprometimento com uma causa levou Louis e Clark a se disporem a mapear o Oeste e encontrar um caminho para o Pacífico. Ele também convocou Amelia Earhardt a voar ao redor do mundo.

Então, qual é o valor desse tipo de investimento e comprometimento? Para muitos hoje em dia, aparentemente quase nada. Parafraseando Thoureau: "A maior parte das pessoas vive resignado desespero"; outras vivem tédio infinito. É certo que nenhum de nós quer entregar-se de corpo e alma a uma cruzada sem futuro. Mas não queremos também enferrujar e gastar nossas vidas zanzando sem ter o que fazer.

Em alguns momentos de reflexão nos perguntamos: "O que realmente me faz querer 'correr atrás'? O que merece a minha dedicação total? O que exige meus melhores esforços?"

O que você faria se pudesse fazer qualquer coisa, sabendo que não teria como falhar? É o que temos de decidir. Ninguém pode decidir em nosso lugar. O que você faria ou não? Francamente, adoro aventuras, mas nunca me juntaria a Shackleton naquela viagem ao Pólo Sul, com temperaturas abaixo de zero e escuridão na maior parte do ano. Já morei em Ithaca, no estado de Nova Iorque, o suficiente para saber que isso não é para mim. Posso ajudar as pessoas a se conectarem de forma autêntica com Deus e uns com os outros. Numa comunidade, auxiliar as pessoas a compreender e engajar-se no seu chamado. Facilitar o treinamento de líderes de empreendimento para serem bem-sucedidos; eis algo que posso fazer o dia inteiro!

Com o que você está comprometido, e quem mais está nesse compromisso? Quem mais se comprometeria se recebesse seu convite?

"Uma das melhores coisas de minha vida, nesse momento, é a parceria com indivíduos que levariam um tiro por mim", diz Vance Brown, co-fundador da Fundação do Coração.

Seu companheiro de equipe, Matt, concorda:

> *"Foi por isso que saí do meu emprego para ajudar esse pessoal. Eles estão realmente comprometidos com essa causa e comprometidos comigo. Nunca participei de algo assim antes".*

> O QUE VOCÊ FARIA SE PUDESSE FAZER QUALQUER COISA, SABENDO QUE NÃO TERIA COMO FALHAR?

Meu amigo e mentor Jim Frost conta que foi a camaradagem experimentada como soldado na Guerra do Vietnã o que, com freqüência, o manteve seguindo adiante. "De muitas maneiras, você luta mesmo é pelos seus camaradas", ele me disse. "Você faria qualquer coisa por eles, e eles por você. Você tinha consciência de que aqueles homens estavam ali com você". A função de Jim era a de batedor nas caminhadas pela selva. "Sim, era meio que loucura", diz ele. "A expectativa de vida de um batedor, quando começava o combate, era de menos de meio segundo. Mas, de algum modo... Deus me trouxe de volta com vida"!

Que causa merece que agüentemos firme por ela? Que lutemos por ela? Que trabalhemos até cair por ela? Temos de revisitar essas perguntas periodicamente. Uma vez obtidas as respostas, devemos nos perguntar do que estamos dispostos a abrir mão para fazê-lo. Segurança? Estabilidade financeira? A aprovação dos outros? Tempo e energia?

Paulo foi exemplo para nós. Ele estava disposto a abrir mão do que fosse.

REFLITA

Você tem uma causa importante que o dispõe a fazer o que for para ser bem-sucedido nela?

31

SIRVA

> Porque vós, irmãos, fostes chamados à liberdade; porém não useis da liberdade para dar ocasião à carne; sede, antes, servos uns dos outros, pelo amor. Porque toda a lei se cumpre em um só preceito, a saber: Amarás o teu próximo como a ti mesmo.
>
> GL 5:13-14

BUSQUEI MEU TERAPEUTA ALGUNS ANOS ATRÁS para lidar com problemas de ansiedade. Eu acordava regularmente às 2h30 da manhã e não conseguia voltar a dormir. Deitado na cama, minha mente ficava revirando conversas, problemas e listas de tarefas. Quanto mais tentava arrancar essas coisas da cabeça, mais preocupado eu ficava. Em retrospecto, percebo que estava também lutando com uma depressão incipiente. A combinação afetou de forma prejudicial meu casamento, minha saúde e minha capacidade operacional durante o dia. Digamos que não foi uma época fácil.

— O que você está se esforçando tanto para *fazer*, Jeff? — perguntou meu terapeuta.

— Como assim? — disse eu.

— O que você está tentando realizar? O que é tão importante que está custando o seu sono?

— Acho que só estou tentando ser bem-sucedido — disse, depois de pensar por um momento. — Quero imaginar como conseguir que tudo seja feito. Fico na cama a noite inteira pensando nisso. Sinto-me aprisionado pelo meu próprio cérebro desenfreado.

— E isso ajuda? — ele perguntou.

— O quê? Toda essa obsessão? De jeito nenhum! — disse, meio aborrecido. — Acabo fazendo escolhas erradas e magoando as pessoas. Mas não é de propósito.

— Deixe-me fazer uma sugestão — ele finalmente propôs. — Você parece estar fazendo a si mesmo perguntas que não ajudam. Você está basicamente perguntando a si mesmo: "Como posso ser bem-sucedido hoje?" Ao invés disso, que tal se você começasse a se perguntar: "De que forma posso servir hoje?" Ao invés de "O que preciso dessa pessoa?", pergunte: "De que forma posso servir essa pessoa?"

— Tudo bem — eu disse — Vou tentar (em desespero).

Você está basicamente perguntando a si mesmo: "Como posso ser bem-sucedido hoje?" Ao invés disso, que tal se você começasse a se perguntar: "De que forma posso servir hoje?"

Embora tenha parecido, a princípio, simplista em demasia, o conselho do terapeuta foi um divisor de águas para mim de muitas maneiras. Mesmo acreditando, pelo menos filosoficamente, em liderança de serviço, e sabendo que esperava isso dos outros, percebo agora que não a estava praticando. Minha própria ansiedade me descobriu. Ao fazer de forma consciente a pergunta "de que forma posso servir?"

fui libertado para ajudar os outros a fazer o que queriam — ou precisavam. Essa mudança de paradigma produziu um "eu" mais livre, amável e pacífico. Como você pode imaginar, produziu resultados bastante positivos também.

Paulo estava bem à frente no que diz respeito a isso. Ele desafiou os Gálatas a encontrar sua liberdade mais completa não se entregando à satisfação das suas próprias vontades, mas sendo, *antes, servos uns dos outros, pelo amor [...] irmãos, fostes chamados à liberdade* (Gl 5:13). Na realidade, a pessoa mais livre era a que de forma mais consistente escolhia o serviço. O servo era o líder. Eles encontravam maneiras de ajudar os outros a serem bem-sucedidos, ao invés de utilizá-los para alcançar o sucesso pessoal. *Quem quiser tornar-se grande entre vós, será esse o que vos sirva; e quem quiser ser o primeiro entre vós será vosso servo; tal como o Filho do homem* (Mt 20:26-27).

Uma maneira de transformar essa nossa mentalidade é buscar continuamente agregar valores a favor dos nossos consumidores, clientes e qualquer um a quem sirvamos. Agregando valor estamos, na verdade, contribuindo para o próprio sucesso e bem-estar. Passamos a abraçar a perspectiva de que os outros, servidos da melhor forma possível, se tornam não apenas nossos consumidores, bem como nossos maiores fãs.

Naturalmente, essa abordagem soa ingênua e irreal numa economia do cada-um-por-si. Competição saudável sempre existirá num mercado livre, mas quem adotaria uma abordagem cada-um-por-si se houvesse uma abordagem que concedesse valor aos outros? Aqueles que agregam maior valor alcançam melhores resultados. No fim das contas, quer tenhamos lucrado muito e nos colocado na dianteira, quer não, saberemos que servimos os outros. Fizemos diferença na vida, realizando

Aqueles que agregam maior valor se dão melhor.

coisas que agregam valor em favor dos outros. Essas pessoas têm agora informações mais precisas, um serviço superior, uma vida mais saudável, um produto melhor.

O escritor Robert Quinn disse: "Nós transformamos o mundo mudando a nós mesmos".[69] E, na realidade, modificamos muita coisa além disso? Se queremos produzir resultados extraordinários, mudar nosso próprio comportamento não será mais uma questão opcional. Precisamos investir em nosso crescimento interior e exterior. Teremos de lidar com nosso próprio egoísmo, encontrando meios de transformar hábitos mentais destrutivos. Devemos nos enxergar como seres humanos que agregam valor, e não como sanguessugas carentes. Seremos servos, ao invés de egocêntricos.

A maior parte de nós almeja, do fundo da alma, que esse tipo de serviço seja a expressão da nossa essência. Sabemos que esse é um caminho de paz maior e significado mais profundo. Somos atraídos por aqueles que exibem essas qualidades de servo. Na verdade, são esses os líderes que mais admiramos. Certo, já agimos de modo egoísta e egocêntrico antes, mas sabemos que esses sentimentos não nos levam a uma vida melhor. Martin Luther King Jr. disse: "Todo mundo possui potencial para a grandeza; não para a fama, mas para a grandeza, porque a grandeza é determinada pelo serviço."[70] Essa grandeza vem à custa de nosso ego e de nosso anseio por controle.

De maneira prática, pode resumir-se a uma simples pergunta o modo de começar nosso dia: "De que forma posso servir hoje?" E depois, persistir até o fim. Talvez justamente isso faça toda a diferença.

REFLITA

O que há de tão libertador em perguntar: "De que forma posso servir?" Quem você está em melhor posição de servir neste momento? De que eles estão precisando?

32

Associe-se ao sexo oposto

> Saudai Priscila e Áqüila, meus cooperadores em Cristo Jesus.
>
> Rm 16:3

Há no Novo Testamento evidência clara de que Paulo contava com a ativa participação feminina no desenvolvimento efetivo de sua missão. Numa época em que as mulheres eram tão raramente vistas em pé de igualdade com os homens, Paulo cooperou com elas e alistou o seu apoio ao seu chamado. Convidou-as para as oportunidades do seu círculo mais interior. Ele estimava o seu conselho e seus dons, e as recomendava para outros.

É claro, pela evidência bíblica, que Paulo se associou em regime de parceria com pelo menos um casal e com diversas mulheres individualmente. O casal, Priscila e Áquila, serviu bem perto de Paulo tanto no negócio de fabricação de tendas quanto na obra do ministério. Pelo livro de Romanos ficamos sabendo que o casal acompanhou-o em sua viagem à Síria, *os quais pela minha vida arriscaram a sua própria cabeça*, conta (Rm 16:4).

Paulo salientou também o trabalho de uma mulher chamada Febe, descrevendo-o como de *grande auxílio* para ele. Escrevendo à igreja de Roma ele disse: *Recomendo-vos a nossa irmã Febe, que está servindo à igreja de Cencréia, para que a recebais no Senhor [...] e a ajudeis em tudo que de vós vier a precisar; porque tem sido protetora de muitos, e de mim inclusive* (Rm 16:1-2). Poucos versos adiante ele menciona o nome de Júnia, que a maior parte dos estudiosos da Bíblia concorda hoje em dia ter sido uma mulher. Ela era *notável entre os apóstolos*, disse Paulo (Rm 16:7). É certo que ela participava com os homens na qualidade de um dos apóstolos de sua época, e Paulo chega ao ponto de dizer que entre os apóstolos ela era *notável*.

Isso pode parecer óbvio para você, mas lançar mão dos dons e habilidades do sexo oposto pode trazer ao seu empreendimento uma inteireza que você acabaria perdendo se não se associasse com ele. No livro de Gênesis, Adão começou trabalhando sozinho. Ele cuidou do Jardim e deu nomes a todos os animais; contudo o paraíso estava aquém da perfeição.

Não existia complemento para o homem, não havia equivalência, e Deus considerou-o um problema. *Não é bom que o homem esteja só*: disse o Senhor Deus. *Far-lhe-ei uma auxiliadora que lhe seja idônea* (Gn 2:18). Deus, fazendo com que o homem caísse num sono profundo, formou uma "completadora" e "companheira" para prover tanto a comunidade de que Adão carecia quanto um senso de equilíbrio ao trabalho dele. Ela é muito similar e, ao mesmo tempo, muito diferente.

Por um longo tempo, muitos locais de trabalho, conselhos e estruturas de liderança têm deixado de lado esse equilíbrio bastante necessário. Os homens partiram do pressuposto que possuíam toda a perspectiva necessária para dirigir as coisas.

Conselhos administrativos e equipes de liderança eram compostos apenas de indivíduos do sexo masculino. Embora as mulheres tenham sempre possuído habilidades e dons essenciais, até recentemente eram deixadas de lado ou ignoradas. Em 1970 a congressista Shirley Chisolm disse:

> POR UM LONGO TEMPO, MUITOS LOCAIS DE TRABALHO, CONSELHOS E ESTRUTURAS DE LIDERANÇA TÊM DEIXADO DE LADO ESSE EQUILÍBRIO BASTANTE NECESSÁRIO.

> *"Uma tremenda quantidade de talento está sendo perdida em nossa sociedade apenas porque esse talento usa saias".*[71]

Tenho de reconhecer que esperei tempo demais para admitir mulheres em minhas equipes de liderança, e saí perdendo. Eu continuava procurando o homem certo para preencher determinada necessidade ou vaga, quando deveria considerar qual era o tipo certo de *pessoa*, independente de gênero. Criei conselhos administrativos e comitês exclusivamente masculinos. Sim, eles funcionavam, mas estou convicto de que poderiam ter funcionado ainda mais efetivamente se eu tivesse incluído mulheres desde o início.

Não devemos nos associar em parceria com qualquer homem ou mulher. O tipo de parceria do qual estamos falando é meio como que um casamento. Da mesma forma que você não se casa necessariamente com a primeira pessoa que aparece, na hora da escolha um companheiro de equipe é importante encontrar a pessoa exata com as habilidades certas, os valores certos e as disciplinas certas. Se você é homem, será sábio buscar mulheres com capacidade de liderança. No mínimo, isso o ajudará a obter a perspectiva feminina de uma estratégia, naquilo que diz respeito às mulheres. Sim, é verdade. A melhor pessoa para compreender uma mulher normalmente — e isso pode parecer chocante — é uma mulher. Admitamos, homens; no passado, chegamos a pensar que as mulheres eram exatamente como nós!

Mulheres, o inverso é verdadeiro também para vocês. Se você é uma líder, procure homens para servir ao seu lado. A perspectiva deles pode ser tão útil para você quanto a sua para eles. Encontre homens que valorizem a sua capacidade de liderança e que reconheçam o seu chamado para o seu papel.

Se não for possível arrebanhar diretamente o apoio de alguém do sexo oposto numa equipe de liderança, busque a sua opinião ou a sua atuação como consultor. Se você é homem, pense em contratar uma consultora. Pergunte a ela:

"O que as mulheres pensam disso? Como uma mulher o enxergaria? Isso apela de alguma forma para o gosto feminino? Estamos nos conectando com as mulheres do mercado? Quais?"

> SE NÃO FOR POSSÍVEL ARREBANHAR DIRETAMENTE O APOIO DE ALGUÉM DO SEXO OPOSTO NUMA EQUIPE DE LIDERANÇA, BUSQUE A SUA OPINIÃO OU A SUA ATUAÇÃO COMO CONSULTOR.

Ou se for o caso, aliste-a simplesmente por possuir um maior conhecimento sobre o assunto: por ser *expert* na sua área. Da mesma forma, mulheres, pensem em contratar um consultor. A perspectiva dele pode ser justamente o que você precisa para dar o toque final ao seu conselho ou equipe.

O segredo é trabalhar bem com o sexo oposto. Reconheça o ponto de vista único que eles trazem para a mesa de discussão. Fomos criados para completar uns aos outros. Tire vantagem dessa perspectiva complementar, e não fique de fora.

REFLITA

Que benefícios advirão da perspectiva de se contar com alguém do sexo oposto numa equipe ou conselho de liderança? Como você se sentiu, no passado, trabalhando ao lado de uma pessoa do sexo oposto?

33

Deixe as pessoas seguirem o seu caminho

> E Barnabé queria levar também a João, chamado Marcos. Mas Paulo não achava justo levarem aquele que afastara desde a Panfília, não os acompanhando no trabalho.
>
> At 15:37-38

Da mesma forma que sofremos com uma perda, poucos de nós têm prazer em deixar as pessoas irem embora. Há ocasiões em que devemos abrir mão de parcerias que não funcionam. Quer sejam empregados, clientes, subcontratados ou fornecedores; há tempo de contratar e tempo de despedir. Provavelmente o encaixe não tenha sido perfeito e seja a hora de estancar o prejuízo e seguir cada um para o seu lado. A princípio, o acordo parecia promissor, mas desconhecíamos, na verdade, a história toda. Tanto nós quanto nossos parceiros tínhamos expectativas, algumas das quais não foram articuladas. Agora é tempo de mudar. Talvez seja a hora de uma reestruturação, de forma que utilizem seus talentos em outro lugar.

Alguns têm a tendência a evitar o conflito, e acabam deixando que as coisas se prolonguem por tempo demais. Não estabelecemos sistemas regulares de avaliação nem criamos mecanismos para manter as pessoas prestando contas. Deixamos a situação ficar complicada antes de falarmos abertamente sobre o elefante branco em cima da mesa. Antes que as coisas cheguem a esse ponto, devemos providenciar uma mesa-redonda de expectativas ou, pelo menos, uma descrição de função mais claramente combinada. Mesmo com a implantação de mudanças, no entanto, muitos desacordos podem ter ficado engasgados, portanto é chegada a hora de uma saída estratégica.

Quanto mais deixarmos as coisas continuarem como sempre estiveram, mais difíceis as soluções se tornarão. Sentimentos reprimidos podem vir à tona ou dano adicional pode ocorrer. Evitar o confronto raramente é uma boa estratégia nesses casos. As coisas varridas para debaixo do tapete apenas apodrecem e criam saliências.

Os estudiosos, até hoje, discutem se Paulo fez a coisa certa desfazendo-se dos trabalhos de João, chamado Marcos, e separando-se de Barnabé por causa da deserção de Marcos na Panfília. A leitura do texto bíblico deixa claro que o ocorrido não foi uma conferência calma e metódica, mas uma *desavença, que vieram a separar-se* (At 15:39). Aquele não foi claramente um dos momentos mais brilhantes da liderança de Paulo. Ainda assim, ele tomou a sua decisão e seguiu adiante. Isso não o deprimiu nem abalou de modo

> QUANTO MAIS DEIXARMOS AS COISAS CONTINUAREM COMO SEMPRE ESTIVERAM, MAIS DIFÍCEIS AS SOLUÇÕES SE TORNARÃO.

devastador a missão. Cada uma das partes foi para o seu lado, contudo eles todos permaneceram comprometidos com a sua missão. *[...], Barnabé, levando consigo a Marcos, navegou para Chipre. Mas Paulo, tendo escolhido a Silas, partiu [...]* (At 15:39-40).

Paulo tinha a habilidade de não se apegar demais às pessoas. Ele as amava, mas não *precisava* delas. Para ele estava tudo bem tanto se elas quisessem se envolver quanto se resolvessem partir e seguir o seu caminho. Ele não tentou forçar a parceria a continuar, e também não proibiu Barnabé de prosseguir sem ele. Paulo não criticou Barnabé quando este foi embora. Ele simplesmente deixou para lá e seguiu o seu caminho.

O quanto você está disposto a não se apegar demais às suas expectativas? Quer sejam parceiros, clientes ou empregados, você tem a competência de mantê-los em liberdade? Eles são livres para seguir o seu caminho sem afundar você? Você é capaz de permitir aos outros seguir o seu caminho quando o encaixe não é perfeito sem julgá-lo como um fracasso ou uma falha de caráter? Você consegue concordar em discordar?

Para evitar relacionamentos que não se mostrem compatíveis é muito útil deixar as expectativas claras logo de início. Coloque, por escrito, as expectativas de ambas as partes. Procure entender o que esperam de você e o que você pode esperar deles. É uma boa idéia revisitar esses acordos regularmente.

> PARA EVITAR RELACIONAMENTOS QUE NÃO SE MOSTREM COMPATÍVEIS É MUITO ÚTIL DEIXAR AS EXPECTATIVAS CLARAS LOGO DE INÍCIO.

Crie um ambiente que capacite os outros a serem bem-sucedidos. Se, por outro lado, eles escolherem bater em retirada e seguir adiante, deixe que partam com a sua honra intacta. Não há nada errado em admitir honestamente que o encaixe não é perfeito. Se puder, enfatize o que você valoriza neles, e o que de proveitoso trouxeram para o relacionamento. Certifique-se do motivo pelo qual a pessoa está saindo, e procure corrigir quaisquer injustiças.

Caso seja você a iniciar a separação, enfatize o que considera ser os aspectos positivos eles terem se juntado à organização, mas deixem-nos também saber o que ficou aquém, e a razão pela qual as coisas não funcionaram. Depois, com o máximo de bênção ou ressarcimento que puder conceder-lhes, mande-os seguir o seu caminho — reverente e respeitosamente, desejando-lhes o melhor.

Quando forem os outros a decidir o próprio caminho, lembre que você não precisa da contribuição deles para dar cumprimento à sua missão. Se aparecerem lacunas, outros surgirão para assumir o lugar. Deixe as pessoas livres, e permita-se ser livre. Apegue-se aos outros de coração aberto e não fechado, da mesma forma que você quer que se apeguem a você. Ame e deixe ir.

REFLITA

O que impede você de deixar as pessoas seguir o próprio caminho quando necessário? Quais são os modos incorretos de deixar as pessoas ir? Há modos certos de deixar as pessoas seguir o próprio caminho?

34

Feche o pedido

> Crê no Senhor Jesus e serás salvo tu e tua casa.
> At 16.31

Recentemente, li numa estatística que mais de 60% dos vendedores não conseguem fechar um pedido após a apresentação de seus produtos e serviços.[72]

Paulo certamente não se encaixava nesse perfil. Ele convidava as pessoas a tomar decisões a respeito do que ele havia apresentado — acreditar, aceitar ou mudar de direção. Ele estimulava as pessoas a se envolver, e elas respondiam. Criam e eram batizadas. Uniam-se ao movimento. Seguiam.

Quando a oportunidade surgia, Paulo não se abstinha de abrir a boca. *Crê no Senhor Jesus e serás salvo*, ele disse ao carcereiro de Filipos (At 16:31). O carcereiro creu. Em outra situação Paulo ousadamente dividiu a sua história com um monarca poderoso. *Acreditas, ó rei Agripa, nos profetas?* (At 26:27). O rei Agripa ficou muito impressionado com a ousadia de Paulo,

> Quando é a hora certa, o quanto você se mostra disposto a pedir? Você pede que a pessoa se comprometa ou você recua e deixa para lá?

mas escolheu dizer "não". Apesar de tudo, Paulo fez o seu trabalho. Ele pediu.

A maioria concordará que Paulo tinha um forte sentimento de confiança tanto em si mesmo quanto em Deus. Ele cria que Deus havia delegado a ele poder, e disse: *Tudo posso naquele que me fortalece* (Fp 4:13). Quando as oportunidades se apresentavam, Paulo não era o tipo que dizia: "Vou orar a respeito e dou um retorno mais tarde". Deus lhe dava forças e ele agia. Desafiava as pessoas. Pronunciava-se.

Quando é a hora certa, o quanto você se mostra disposto a pedir? Você pede que a pessoa se comprometa ou você recua e deixa para lá?

Por qualquer razão, alguns entregam os pontos pelas desculpas mais diversas: "Ah, eles nunca mostrarão interesse nisso"; ou: "Não quero impor isso a eles"; ou: "Tenho medo de que digam não". O treinador de negócios Thomas Leonard chama isso de "bloqueio psicótico". É o medo dentro de nós que nos impede de tomar corretamente os passos seguintes.[73]

Para o líder de empreendimento, faz parte da vida assumir o risco de tentar o fechamento do pedido. Como diz o princípio bíblico: *Nada tendes porque não pedis* (Tg 4:2). Você tem a capacidade de prosseguir quando discerne as vozes de autoderrotismo. É essencial que você perceba que, ao dizerem "não" ao seu produto, oportunidade ou idéia, as pessoas estão desaprovando o que você pretende vender-lhes e, não rejeitando você. Você é apenas o mensageiro.

Por vezes, quando as pessoas dizem "não" ou "hoje não", talvez seja a oferta inadequada para elas, ou não estejam ainda prontas. Certamente você precisa ajudá-las a ganhar uma compreensão melhor, de forma que possam enxergar a sua necessidade. Quem sabe não seja a hora certa? Talvez tenham de lutar um pouco mais antes que estejam prontas a perceber que precisam daquilo que você tem a oferecer.

De qualquer forma, não é nada contra você. Não há mal nenhum em pedir. Na verdade, se você não pedir, as chances de uma conexão se tornam bem pequenas. E se as pessoas recusarem, você pode aprender algumas lições valiosas caso busque compreender as razões que as levaram a isso. O que há de válido nas objeções delas? Talvez o que você ofereça não se encaixe bem com elas. Se for esse o caso, esses não seriam os clientes adequados de qualquer forma. Pode ser necessário dar um passo para trás e procurar uma bênção oculta na situação, como discutimos no capítulo 24.

Algumas pessoas respondem sem convite algum; essas representam, provavelmente, no entanto, uma pequena minoria. A maioria vai esperar, até que você peça, antes de tomar uma decisão. Mesmo que você tenha insinuado, elas podem não reagir até que você peça diretamente.

> A MAIORIA VAI ESPERAR, ATÉ QUE VOCÊ PEÇA, ANTES DE TOMAR UMA DECISÃO.

Pode ser tão simples quanto perguntar: "Você gostaria de experimentar?" Ou: "Quer comprar um?" As respostas mais comuns são "sim" e "não". Algumas vezes, "talvez", o que pode simplesmente significar que precisam de mais informação. Você, pelo menos, vai saber em que pé está.

Você terá que vencer alguns medos ao longo do caminho, como o de ouvir um "não". Talvez você esteja sob pressão porque é muita coisa que depende da resposta da pessoa. Provavelmente, você tenha medo da rejeição. Você pode estar experimentando sentimentos de inferioridade, pensando consigo mesmo: *Quem sou eu para achar que essa pessoa vai comprar algo de mim?* Uma vez que você tenha apresentado a sua informação, não há nada errado em seguir adiante. Dê às pessoas a oportunidade de dizer "sim". Peça. Coloque-se lá fora. Nunca se sabe, um "sim" pode estar apenas tão distante quanto um convite seu.

REFLITA

O que leva tantos vendedores a não fechar o pedido, depois de terem feito a sua apresentação? Que pedidos você precisa tentar fechar? O que o estaria impedindo de tentar?

35

Acredite no destino

> De um só fez toda a raça humana para habitar sobre toda a face da terra, havendo fixado os tempos previamente estabelecidos e os limites da sua habitação.
>
> At 17:26

Paulo não acreditava em coincidências. Ele cria no destino. Ele acreditava que as pessoas no seu caminho e os lugares por onde ele se encontrava não eram questão decidida pelo acaso, mas encontros divinos marcados. Alguém com um plano maior do que Paulo podia compreender era quem os determinava. Cada indivíduo em meio às multidões estava na vida de Paulo por uma razão. Paulo ensinou que Deus determinava os exatos lugares em que as pessoas deveriam viver. À igreja de Corinto ele disse: *Mas Deus dispôs os membros, colocando cada um deles no corpo, como lhe aprouve* (1Co 12:18).

É preciso fé para se acreditar no destino. Algumas vezes, precisamos suspender nossas agendas e nossas estratégias a fim de seguir o fluxo de uma oportunidade não-planejada. Temos de parar de fazer o trabalho tangível diante de nós para nos engajar em outra coisa. Percebemos que muito do que está acontecendo ao nosso redor está fora de nosso controle; somos parte de um cenário maior. Minha crença é de que o casal da Inglaterra com o qual reatei contato recentemente, num de meus seminários, e a holandesa que queria estar na minha lista de discussão não se encontravam ali por acaso. Estavam por uma razão. Posso saber qual? Talvez.

Isso não significa que devemos abandonar todo o planejamento e seguir à deriva, desordenadamente, procurando coincidências e encontros ao acaso. Não é motivo para renunciar a empregos ou dormir até tarde. Mas devemos estar sempre abertos a algo não-planejado, disponíveis a descobertas inesperadas, conscientes que a reunião mais importante do dia pode não ser aquela que planejamos. O falecido escritor Henri Nouwen conta a história de um professor de Notre Dame que certa vez disse:

> *"Eu costumava pensar que as interrupções estavam matando o meu ministério. Depois pude chegar a ver que as interrupções eram o meu ministério".*[74]

"Eu costumava pensar que as interrupções estavam matando o meu ministério. Depois pude chegar a ver que as interrupções eram o meu ministério".

Paulo percebeu, numa multidão em Listra, um aleijado que queria ser curado, e fixou nele *os olhos* (At 14:9). Em outras palavras, ele *percebeu* o homem; não estava ocupado demais para notar. O resultado foi uma cura sobrenatural. Paulo foi para grande cidade de Filipos, que representava um número enorme de ouvintes potenciais para as suas mensagens —, mas algo mudou. Ao invés de tomar o rumo de Filipos, Paulo excursionou até um rio e encontrou ali um pequeno ajuntamento de mulheres. Lemos: *Certa mulher, chamada Lídia, [...] vendedora de púrpura, [...] o Senhor lhe abriu o coração para atender às coisas que Paulo dizia* (At 16:14). Sua excursão secundária pode não ter parecido muito sensata, mas acabou no encontro que deslanchou a sua missão em Filipos.

A partir dos indícios que temos, parece que essa rica mulher de negócios tornou-se a catalisadora do muito que aconteceu para criar a igreja dos filipenses. Ela persuadiu Paulo e seus companheiros de viagem a ficar em sua casa. Paulo não se afligiu com a mudança em sua agenda. Ele reconheceu e abraçou a direção espontânea que sua excursão havia tomado.

Encontros marcados pelo destino normalmente não requerem muito esforço de nossa parte. Ao contrário, o que eles requerem é que fluamos com eles sem tentar controlar os resultados, permanecendo de mãos abertas, enquanto prestamos atenção à pessoa diante de nós. Encontros casuais não precisam ser difíceis ou se assemelhar a trabalho para serem efetivos. Como escreveu Blaise Pascal em seus *Pensamentos*: "As forças da virtude de um homem não devem ser medidas pelos seus esforços, mas pela sua vida corriqueira".[75]

Talvez aquele telefonema não-planejado que você tem pensado em dar seja uma "provisão" que você não deveria evitar. Você se pergunta: *Será que essa pessoa está me vindo à mente por alguma razão?* Pode ser a hora de descobrir. E aquele *outdoor* que não lhe sai da cabeça? Há algo sobre o que você precisa refletir? Por vezes é fundamental parar o que estamos fazendo e estar simplesmente presentes para o que está acontecendo ao nosso redor.

Um benefício adicional dessa crença no destino é que você deixará de trabalhar tão arduamente. A flexibilidade pode levá-lo a relaxar mais e desenvolver o sentimento de que tudo ao seu redor está "trabalhando em conjunto para o bem comum". Você começa a ver oportunidades como dádivas, e encontros casuais como significativos num plano maior. Possivelmente, o melhor de tudo é que a sua vida se torna uma grande aventura.

Na medida que deixar o destino desenrolar a sua missão, você descobrirá uma mão sobrenatural operando no universo. Você verá que, ao trabalhar em acordo com a missão de sua vida, as coisas parecem simplesmente acontecer. Não são coincidências. Preste atenção nessas circunstâncias. Permita-se ser guiado por um Propósito e por uma Mão maior do que você mesmo. Então veja o que se desenrola.

REFLITA

Você é aberto a mudanças nos seus planos? Será que "se manter nos trilhos" já não o impediu de descobrir oportunidades e soluções ainda maiores?

36

Simplifique

> Porque toda a lei se cumpre em um só preceito, a saber: Amarás o teu próximo como a ti mesmo.
>
> Gl 5:14

Admitamos: grande parte da mensagem e da missão de Paulo tratava de assuntos que são confusos para a maioria das pessoas. Ainda hoje, os teólogos gastam vidas tentando compreender os conceitos da Bíblia, e usam um vocabulário peculiar para descrever o ensinamento de Paulo. Eles falam de "teologia paulina" e discorrem sobre suas visões de expiação substitutiva, justificação, santificação, eclesiologia e escatologia.

Eu mesmo passei quatro anos estudando muitos desses assuntos com professores com grau de doutorado. Eles me ensinaram como destrinchar as formas verbais de Paulo e a tentar entender o que ele queria dizer pela leitura das expressões idiomáticas correntes na Grécia em sua época. Alguns de meus professores obtiveram seus doutorados tornando-se *experts* numa única carta de Paulo. Para realizá-lo, tiveram o privilégio de

> O princípio MACS: Mantenha a Coisa Simples

estudar em lugares de renome como Tubingen e Oxford. Como pastor, passei meses ensinando a partir das cartas de Paulo, como Filipenses e Efésios. Por vezes me perguntei se, caso aparecesse durante um de meus sermões, Paulo não diria: "O quê? Não foi isso que eu quis dizer"!

De algum modo, Paulo aprendeu a articular idéias complexas e conceitos difíceis — para simplificá-los em seguida. Ele explicava claramente o que aquilo significava e, talvez mais importante, o que deveria ser feito ao se ouvir a sua mensagem: a aplicação. Um de meus professores costumava dizer: "Simplifique... simplifique... simplifique". O escritor católico Henri Nouwen costumava gastar horas tentando tornar seus escritos mais simples e aplicáveis. Hoje em dia, chamaríamos isso de princípio MACS: Mantenha a Coisa Simples.

Paulo conhecia a importância de deixar as coisas muito claras para as pessoas. *Porque toda a lei se cumpre em um só preceito, a saber: Amarás o teu próximo como a ti mesmo* (Gl 5:14). Há muitos anos, o teólogo Soren Kierkegaard disse que tudo que realmente importava era "a única coisa".[76] Paulo, provavelmente, compreenderia o que ele quis dizer, e por que a maior parte de nós precisa ter as coisas simplificadas.

A sua missão tem as suas complexidades e planejamentos subjacentes, estratégias, justificações e filosofias — mas, em termos simples, o que você está fazendo? De que forma você pode simplificar as coisas em termos de sexta série, de forma que aqueles que precisam possam compreender?

O trabalho duro da boa publicidade é tornar mensagens complexas em simples e convincentes, nos levando a tomar uma atitude. Considere os slogans de algumas corporações mais conhecidas: "G.E. — Nós trazemos boas coisas à luz"; "Caminhões Ford — Feitos para durar"; "Petrobrás — O desafio é a nossa energia". Há inúmeros outros exemplos, mas todos possuem algo em comum: articulam o que querem dizer em termos muito básicos.

Quando comecei a prestar serviço a líderes como *coach*, tive dificuldade para descrever minha função e de que forma eu podia ajudá-los. Depois que sofri um pouco, meu próprio *coach* finalmente ajudou-me a produzir uma descrição simples; "Sou como um chaveiro, trabalhando com você para destravar o seu potencial". Essa única frase ajudou a mostrar o sentido do que parecia nebuloso para muitos.

O presidente de uma companhia com a qual trabalho estava tentando descrever a razão pela qual o seu complexo de escritórios valia o custo extra para empresas de tecnologia. Ele me explicou que alguns clientes potenciais não compreendiam por que aquele complexo era tão único. Depois de alguma discussão, produzimos uma analogia simples para descrever o que ele fazia:

> *"Quando são separadas uma das outras, as brasas perdem logo o calor e se apagam. Quando estão juntas, incitam umas às outras a produzir a chama. É isso que fazemos para pequenas empresas de tecnologia. Compartilhamos recursos, idéias e equipamento".*

Outro modo de manter a coisa simples é ter alvos curtos, de natural percepção. Mantenha-os fáceis de memorizar e compreender. O que você está tentando realizar esta semana, este mês, este ano? Tente articulá-lo numa palavra ou frase curta.

> Com freqüência é mais fácil dizer ou escrever em excesso do que manter a coisa simples. Conta-se que Winston Churchill disse certa vez: "Eu queria escrever uma carta breve, mas não tive tempo".

Com freqüência é mais fácil dizer ou escrever em excesso do que manter a coisa simples. Conta-se que Winston Churchill disse certa vez: "Eu queria escrever uma carta breve, mas não tive tempo".[77] Parece haver mesmo uma simplicidade caseira na maioria dos líderes eficazes. Eles não se levam muito a sério nem tentam complicar as coisas. Não falam acima do que as pessoas podem entender. Ao contrário, eles vão ao ponto de forma clara e concisa.

Eu, provavelmente, poderia dizer muito mais sobre esse assunto, porém é melhor seguir esse conselho eu mesmo. Mantenha simples. Vou parar por aqui.

REFLITA

Você segue o princípio MACS?

37

Acredite na abundância

> Ora, àquele que é poderoso para fazer infinitamente mais do que tudo quanto pedimos ou pensamos, conforme o seu poder que opera em nós.
>
> Ef 3:20

Certa vez um jovem pastor perguntou a Robert Schuller, pastor da Igreja da Catedral de Cristal na Califórnia, o quanto ele achava que Deus proveria para a igreja crescente da qual faziam parte. Schuller desafiou o pastor a crer na abundância sobrenatural. "Se você pedir que Deus encha um dedal", disse ele, "Deus vai encher. Se você pedir que ele encha um balde, ele vai encher. Se você trouxer um barril, ele vai encher também".[78] O jovem que fazia a pergunta era Bill Hybels, fundador e pastor principal da Igreja Comunidade de Willow Creek. (Falando nisso, posso dizer que Deus de fato encheu um enorme barril lá!)

Outros líderes têm sido inspirados por essa idéia. Por que não ousar pedir o barril?

Paulo cria que o universo estava cheio de abundante suprimento. Ele pedia enormes barriladas, e as recebia. Sua visão incluía cidades, regiões, continentes e grupos étnicos. Escrevendo à igreja dos efésios, Paulo articulou sua crença de que Deus era *[...] poderoso para fazer infinitamente mais do que tudo quanto pedimos ou pensamos* (Ef 3:20). Em outras palavras, a capacidade de Deus suprir necessidades excede em muito qualquer coisa que possamos antecipar ou até mesmo pedir através da oração. Paulo disse que essa obra divina ocorria *conforme o seu poder que opera em nós* (Ef 3:20).

De acordo com o dicionário Webster's, a palavra *sobrenatural* inclui "ações ou acontecimentos precedidos pela existência de forças acima do natural". Acontecimentos sobrenaturais "violam o que se presume sejam as leis naturais". Fazem o que é aparentemente impossível.

Falando a um grupo de filósofos em Atenas, Paulo desafiou-os a enxergar Deus como maior e mais sobrenatural do que eles haviam previamente imaginado. Ele lhes disse: *O Deus que fez o mundo e tudo que há nele [...] não habita em santuários feitos por mãos humanas, [...] pois ele mesmo é quem a todos dá vida, respiração e tudo mais* (At 17:24-28). Seu argumento era que não podemos colocar limites ao redor de um Deus ilimitado e doador de vida. Ele poderia ter dito a eles: "Olhem para o céu. Olhem para as árvores, para o oceano, para os pássaros. Olhem-se no espelho. Parem de limitar o que não tem limites".

Para o líder de empreendimento, a mentalidade de abundância sobrenatural implica superar nossa propensão natural à escassez. Costumamos olhar ao redor e nos perguntar de onde as coisas de que necessitamos possivelmente podem vir. Questionamos nossa habilidade de superar desafios de fluxo de caixa e competição de mercado. Perguntamo-nos se temos o necessário,

> Para o líder de empreendimento a mentalidade de abundância sobrenatural implica superar nossa propensão natural à escassez.

e se somos de fato capazes de realizar o que nos propusemos a fazer. Com demasiada freqüência limitamos a nossa perspectiva, focalizando apenas o aqui e o agora.

Creio que Paulo nos desafiaria com as palavras de J.B.Phillips: "O seu Deus é pequeno demais".[79] Você está olhando para o que é, ao invés de usar a sua fé para ver o que pode ser. Você pode estar precisando recalibrar a sua perspectiva e renovar a sua fé. Faça uma relação das coisas aparentemente impossíveis que já aconteceram. Olhe onde você está agora e de onde você veio. Você pode descobrir a leitura proveitosa de algumas biografias de gente que já acalentou sonhos grandiosos e perseveraram, a despeito de adversidades. Gaste algum tempo olhando para o alto, enxergue o potencial sem limites. Por que não ousar pedir que o barril seja cheio, mesmo que você não tenha idéia de onde?

Quando morava em Boston, gastei muitas noites solitárias e desencorajado do lado de fora de casa, no subúrbio, observando as estrelas. Eu contemplava a enormidade do céu e pensava nos bilhões e bilhões de estrelas, a respeito das quais eu havia aprendido nas aulas de astronomia da faculdade. Eu pensava no salmo do rei Davi que dizia: *Quando contemplo os teus céus, obra dos teus dedos, e a lua e as estrelas que estabeleceste, que é o homem, que dele te lembres?* (Sl 8:3-4). *Se o universo é tão vasto*, eu pensava comigo mesmo, *certamente Deus tem poder para agir através de mim*.

A crença na abundância sobrenatural confia que há muitos lá fora que se encaixam no seu plano-mestre, mas você ainda não os encontrou. Alguns que você encontrar se mostrarão interessados logo de início. Há lá fora aqueles que querem ajudar de alguma forma. Durante um período especialmente difícil e aparentemente malsucedido da vida de Paulo, o próprio Deus o lembrou da abundância sobrenatural. Certa noite, numa visão, Deus disse: *Não temais; pelo contrário, fala e não te cales; porquanto eu estou contigo, e ninguém ousará fazer-te mal, pois tenho muito povo nesta cidade* (At 18:9-10).

Alguns pensam que você ficou maluco. Ficam se perguntando por que você fica pedindo por um barril, ao invés de um dedal. Eles acham que você deveria se mostrar satisfeito com o dedal. Eles se perguntarão por que você embarcou nessa aventura sem sentido, e por que não se assentou. Deixe de lado os comentários desabonadores e olhe, em vez disto, para a promessa divina de abundância sobrenatural.

A Bíblia está cheia de palavras de Deus que nos convidam a pedir, buscar e desejar. *Pedi, e dar-se-vos-á; buscai e achareis; batei, e abrir-se-vos-á*, ensinou Jesus (Mt 7:7). No livro de Salmos lemos: *Agrada-te do Senhor, e ele satisfará os desejos do teu coração* (Sl 37:4). Em Salmos lemos também a respeito de alguém buscando ajuda e encontrando abundância sobrenatural:

> Alguns pensam que você ficou maluco. Ficam se perguntando por que você fica pedindo por um barril ao invés de um dedal. Eles acham que você deveria se mostrar satisfeito com o dedal.

> *Elevo os olhos para os montes — de onde me virá socorro? O meu socorro vem do Senhor que fez o céu e a Terra. Ele não permitirá que os teus pés vacilem; não dormirá aquele que te guarda* (Sl 121:1-3).

Há perguntas que você terá de responder por si mesmo. Você acredita na abundância sobrenatural? Você tem uma imagem ampla de Deus e uma visão ampla do universo? Você acredita que o céu e a Terra são vastos ou que vivemos numa única esfera azul superlotada, sobre a qual você é só mais uma pessoinha? Você acredita que está no lugar certo para fazer o que foi escolhido para fazer? Que Deus suprirá todas as suas necessidades pessoais, recursos, idéias e dinheiro? Você está disposto a decidir agora buscar de modo a encontrar e pedir a fim de receber?

Pode ser que essa seja a sua hora. Os céus se abrirão e derramarão os recursos na medida em que você ousar sonhar grande e acreditar. Reúna toda a sua coragem e ouse acreditar num Deus grande.

REFLITA

Você acredita na abundância sobrenatural? Você tem uma imagem ampla de Deus e uma visão ampla do universo? Você acredita que o céu e a Terra são vastos ou que vivemos numa única esfera azul superlotada sobre a qual você é só mais uma pessoinha? Você acredita que está no lugar certo para fazer o que foi escolhido para fazer? Que Deus suprirá todas as suas necessidades pessoais, recursos, idéias e dinheiro?

38

Fixe os olhos no prêmio

> Não sabeis vós que os que correm no estádio, todos, na verdade, correm, mas um só leva o prêmio? Correi de tal maneira que o alcanceis.
>
> 1Co 9:24

Como será viver sem ter do que se arrepender? O que aconteceria se você se impulsionasse continuamente para fora das zonas de conforto e se concentrasse no seu potencial? Como um corredor, você coloca em ação energia concentrada, habilidade burilada e intensidade ardente, a fim de ganhar uma corrida traçada para você. O seu objetivo não é apenas cruzar a linha de chegada ou ganhar a medalha de bronze. Não, você está nessa pelo ouro.

Paulo via a si mesmo como um atleta desse tipo, determinado a conquistar o grande prêmio. Ele queria o ouro, e recusava-se a se conformar com menos. Nas palavras do escritor Oswald Chambers, Paulo oferecia o seu "máximo pelo seu [Deus] altíssimo".[80] Ele disse:

Já agora a coroa da justiça me está guardada, a qual o Senhor, reto juiz, me dará naquele Dia; [...] (2Tm 4:8).

Usando metáforas tiradas do atletismo, ele diz:

Prossigo para o alvo, para o prêmio (Fl 3:14). E: Assim como também eu, não sem meta; assim luto, não como desferindo golpes no ar. Mas esmurro o meu corpo e o reduzo à escravidão; para que, tendo pregado a outros, não venha eu mesmo a ser desclassificado (1Co 9:26-27).

Os líderes de empreendimento devem aprender a seguir adiante quando as coisas ficam difíceis. Em seu livro *Man's Search for Meaning*, o sobrevivente de campo de extermínio nazista Victor Frankl articulou o conceito de que aqueles que superam as mais desafiadoras circunstâncias possuem, normalmente, um alvo significativo ou um desejo que os impulsiona. Há algo maior que os mantém prosseguindo: uma visão, um chamado, uma fé, um amado, um objetivo a alcançar. Eles acreditam em algo maior pelo que vale a pena viver, e pelo que vale a pena suportar até mesmo as mais adversas circunstâncias imagináveis.[81]

O primeiro passo é saber atrás de qual prêmio você está correndo. O que seria o sucesso para você? Como Paulo, alguns líderes de empreendimento consideram valiosa a recompensa celestial. Eles buscam honrar a Deus através do que fazem e de como o fazem. Buscam deixar um legado.

Quando o empresário Bob Muzikowski se mudou para a região carente do centro de Chicago, com o desejo de criar uma liga de beisebol para crianças desprivilegiadas, havia muita coisa se interpondo no caminho do prêmio. Ele teve de se esforçar muito para ganhar credibilidade ou encontrar até mesmo um campo em que jogar. Ainda assim, o seu sonho era dar àqueles garotos algumas das coisas que ele nunca tivera quando criança. "Não havia qualquer sentimento de certo ou errado, nenhuma verdade na minha vida quando eu era garoto", diz ele. Com isso em mente, dispôs-se a prover alternativas saudáveis para as gangues, a heróina e o desespero. A liga está agora prosperando e recebe o apoio de patronos de todo o país.[82]

Outros líderes de empreendimento atribuem grande valor ao acúmulo de conhecimento e experiência. Suas iniciativas envolvem pesquisa e investigação sistemática do modo como as coisas funcionam, ou têm em vista o desenvolvimento de novas tecnologias. Buscam modos de aperfeiçoar o que já está sendo feito. Outros querem desvendar segredos que proverão a cura para doenças terminais. Talvez para esses o prêmio seja erradicar o câncer da Terra. Alguns aceitam salários mais baixos, horas extras e, com freqüência, trabalho anônimo a fim de conquistar o seu prêmio.

Outros buscam retorno financeiro para o seu risco ou investimento. Um homem que conheço está comprando um lava-carros com o objetivo de usar o dinheiro para prover educação aos seus filhos. Para outros, a filantropia pode ser o alvo maior.

Quando você define e deixa registrado o seu prêmio fundamental, ele passa a impulsioná-lo adiante. Ele o capacitará a

QUANDO VOCÊ DEFINE E DEIXA REGISTRADO O SEU PRÊMIO FUNDAMENTAL, ELE PASSA A IMPULSIONÁ-LO ADIANTE. ELE O CAPACITARÁ A PERMANECER ENTUSIASMADO NAQUELES DIAS EM QUE SE TEM VONTADE DE PENDURAR AS CHUTEIRAS.

permanecer entusiasmado naqueles dias em que se tem vontade de pendurar as chuteiras.

É vital manter os olhos fixos no prêmio, mas tão essencial quanto isso é assegurar os olhos *longe* de distrações. Esses prêmios alternativos competem por atenção. Eles apresentam a si mesmos como rotas mais desimpedidas, apostas mais certas e propostas mais lucrativas. Você recebe ofertas de emprego exatamente quando as coisas parecem mais desfavoráveis na sua iniciativa. Alguém tenta recrutá-lo para a sua própria missão. Gente bem-intencionada se oferece para ajudar, tentando resgatá-lo do pagamento do preço pelas suas ambições. Eles acham que estão ajudando quando o encorajam a evitar riscos.

Qualquer atleta sabe que num treinamento, tem de observar uma dieta e fazer sacrifícios, enquanto os outros descansam, comem e esbanjam. A maioria do lado de fora da pista fica se perguntando por que você está se esforçando tanto e quando vai desistir. Eles se interrogam o que pode ter levado você a trocar pacotes de benefícios, férias pagas e finais de semana livres pelo tipo de vida que escolheu.

Manter os olhos fixos no prêmio significa também sobreviver aos pontos de desistência. Esses momentos irão testar a sua disposição em esforçar-se adiante quando tem vontade de jogar a toalha. Você se pergunta se está progredindo tão depressa quanto deveria. A linha de chegada parece estar a uma eternidade de distância. Você se sente emocionalmente fatigado, desencorajado e esgotado. Você se pergunta se atingir o seu alvo é possível ou supérfluo.

Na metáfora de Paulo, o atleta concentrado segue em frente, apesar das distrações e dos pontos de desistência. Ele supera distrações de dentro e de fora. Ele traz à mente o potencial do lado positivo: a coroa, a recompensa em dinheiro e o pódio. Ele concentra o pensamento nos bons ventos que o esperam se ele perseverar. O ganho vale o esforço.

> DIAS ANTES DE SUA MORTE, LEONARDO DA VINCI ESCREVEU: "DA MESMA FORMA QUE UM DIA BEM GASTO TRAZ SONO FELIZ, UMA VIDA BEM UTILIZADA TRAZ UMA MORTE FELIZ".

Paulo nunca expressou remorso pela sua crença de que seria um dia recompensado pelos seus riscos e pelo seu trabalho. Ele acreditava que um dia se apresentaria diante do próprio Deus e receberia o supremo cheque de pagamento. Ouviria Deus dizer: "Muito bem, servo bom e fiel". Uma recompensa dessas era o que claramente mantinha Paulo seguindo adiante quando as adversidades se enfileiravam contra ele.

Dias antes de sua morte, Leonardo da Vinci escreveu: "Da mesma forma que um dia bem gasto traz sono feliz, uma vida bem utilizada traz uma morte feliz".[83] Embora tenha certamente sofrido ao longo de sua vida, da Vinci percebia que seu objetivo havia sido a busca de maior compreensão e conhecimento. Sua vida havia permitido que ele dividisse com outros seus vislumbres nas áreas de matemática, filosofia, arte e anatomia.

Perto do fim de sua vida, Paulo escreveu: *Combati o bom combate, completei a carreira, guardei a fé* (2Tm 4:7). Recusando-se a olhar para trás ou reclamar, ele assumiu a missão e seguiu em frente, mantendo os olhos firmemente fixos no prêmio.

REFLITA

Qual é o prêmio que você persegue em sua vida?

NOTAS

1 HAMMONDS, Keith H. *Soul Proprietor*. Fast Company Magazine, n.37, ago. 2000, p.154

2 BROOKS, Garth e SHAW, Victoria. *The River*. Ropin the Wind, Capital Records, ASIN B0000517B, 1991

3 SANDERS, J.Oswald. *Dynamic Spiritual Leadership*. Grand Rapids: Discovery House Publishers, 1984, p. 15

4 ROOSEVELT, Theodore citado por Edmund Morris em *The Rise of Theodore Roosevelt*. New York: Modern Library, 2001

5 SANDERS, op. cit., p. 21

6 BLACHARD, Ken. Palestra na *Faithworks Conferece*. Cambridge, Massachussetts, 1998

7 GUINESS, Os. *The Call*. Nashville: Word Publishing, 1998, p. 32

8 d.

9 PALMER, Parker. *Let Your Life Speak*. San Francisco: Jossey-Bass Publishers, 2000, p. 3

10 BRIDGES, William. *Creating You & Company. Reading*, Massachussetts: Addison-Wesley Books, 1997, p. 27

11 ILLICH, IVAN citado por Carlo Correto em *Letters from the Desert*. New York: Orbis Books, 1972, p. 10

12 d., p. 73

13 PETERSON, Eugene. *Correndo com os Cavalos*, Rio de Janeiro, Habacuq, 2003

14 CRABB, Larry. Palestra na *Foundation Conferece*, San Diego, Califórnia, 21/set./2001

15 MAHER, Kris. *The Jungle of Recruitment, Pay and Getting Ahead*. Career Journal, Boston Globe, 29 jun 2001

16 BUECHNER, FREDERICK, citado por Parker J. Palmer em *Let Your Life Speaks*. New York: Jossey-Bass,1999 p.10.

17 EMERSON, RALPH WALDO, citado *Os Guiness em The Call* (Nashville: Word Publishing, 1998) p. 1.

18 CHAPPELL, Tom. *The Soul of a Business*. New York: Bantam Books, 1993, p. 15

19 d., p. 12

20 MOODY, Dwight L. *Inspiring Quotations*. citado por Albert M. Wells Jr., Colorado Springs: Waterbrook Press, 1991, p. 172

21 SCHWEITZER, Albert. In: SIMPSON, James B. Simpson's, *Contemporary Quotations*, New York: Houghton Mifflin Company, 1998 [1] 4269

22 GIBSON, Mel. *Coração Valente*.(filme). Paramount, 1995

23 Frase utilizada comumente por vários esportistas.

24 GIBSON, Mel. *Coração Valente*.(filme). Paramount, 1995

25 ORTBERG, John. *Venha Andar Sobre as Águas*. São Paulo: Vida, 2003

26 FORD, HENRY citado por Mikaly Csikszentmihalyi em *The Psychology of Optimal Experience*. New York: Harper Collins, 1991

27 BLACHARD, Ken. Palestra na *Faithworks Conference* em Boston, Massachussett, mar. 1998

28 LAKE, Steven. *Life Compasse: How to Find and Fulfill Your Unique Purpose* (manuscrito não publicado)
29 BUECHNER, Frederick. *Whistling in the Dark: A Doubters Dictionary*. Harper San Francisco, 1993
30 CRON, Ian Morgan. Letra de *I'll Tell You Now*. Sacred Hunger. Nashville: Moon Belly Music, 2001
31 WILDE, Oscar. In: WISE, Robert L. *Quest for the Soul: Our Search for Deeper Meaning*. Nashville: Thomas Nelson Publishers, 1996, p. 32
32 GOLEMAN, Daniel. *Inteligência Emocional*. Rio de Janeiro: Objetiva, 1996
33 HYBELS, BILL é pastor da Willow Creek Community Church. (http://www.willowcreek.org/)
34 BUECHNER, Frederick. *Now and then*. San Francisco: Harper San Francisco, 1991, p. 4
35 MULLER, Wayne. *Remembering the Sacred Rhythm of Rest and Deligth*. Extraído da USAWeekend.com e adaptado de Sabbath. New York: Bantam Books, 1999
36 MAC Donald, Gordon. Palestra em conferência patrocinada pela *Intervarsity*, MIT, abril,1998
37 NOUWEN, Henri. *Making All Things New: An Invitation to the Spiritual Life*. San Francisco:Harper and Row Publishers, 1981, p. 72
38 "Amigos em Recuperação". *The Twelve Steps: A Spiritual Journey*. RPI, 1994, p. 124
39 MEIER, Paul. Programa de rádio com o Dr. Paul Meier, da Meier Clinic, em fev. 2002
40 WICKES, Frances. *The Inner World of Choices*. Boston: Sigo Press, 1988
41 DRUCKER, Peter. *Inovação e Espírito Empreendedor*. São Paulo: Thompson Pioneira, 1987

42 SCULLY, John. *Odyssey*. New York: Harper & Row, 1987, p. 90
43 O'CONNOR, Michel e BLACHARD, Ken. *Managing by Values*. San Francisco: Berett-Koehler Publishers, 1997, p. 23
44 POLLARD, William. *The Soul of the Firm*. Grand Rapids: Zondervan Publishin, 2000
45 O'CONNORS, Jeromy M. Paul: *A Critical Life*. New York: Oxford University Press, 1996
46 COLLINS, Gary. *Christian Coaching: Helping Others Turn Potential into Reality*. Colorado Springs: Navpress, 2001, p. 14
47 BENNIS, WARREN, citado por Gary Collins em *Christian Coaching: Helping Others Turn Potential into Reality*. Colorado Springs: Navpress, 2001. p 37
48 TRUEBLOOD, Elton. *The Company of the Commited*. New York: Harper Collins, 1979
49 NANUS, Burt. *Visionary Leadership*. San Francisco: Jossey-Bass, 1995, p. 26
50 COVEY, Stephen. R. *Principle-Centered Leardship*. New York: Summit Books, 1991, p. 45
51 PARKER, Palmer. *The Active Life: A Spirituality of Work, Creativity and Caring*. San Francisco: San Francisco: Jossey-Bass Publishers, 1990, p. 8
52 TUCKER, Leon. *The Twentieth Century New Testamen*. Kregel Publication, 1983
53 HAGGAI, John. *Lead On*. Waco, Texas: Word Books, 1986, p. 106
54 CARD, Michael. *The Things We Leave Behind*. Poeima. Sparrow Records, ASIN B00005KXV, 1994
55 ORTBERG, John. *A Vida que Você Sempre Quis*. São Paulo: Vida, 2003
56 YANCEY, John e BRAND, Paul. *Pain: the Gift No One Wants*. Grand Rapids: Zondervan Publishing House, 1997

57 RIMA, Samuel. D. *Leading from the Inside Out: The Art of Self-Leadership*. Grand Rapids: Baker Books, 2000, p. 61

58 HALL, Craig. *The Responsible Entrepeneur*. Franklin Lakes, New Jersey: Career Press, 2001, p. 21

59 JONES, Laurie Beth. *The Path*. New York: Hyperion Books: 1998, p. 17

60 COHEN, Eli e TICHY Noel. *Operação-Liderança*. Fast Company, n. 27, p. 278, set. 1999

61 d., 279

62 bid., 279

63 BASS, Dorothy C. *Receiving the Days*. San Francisco: Jossey-Bass Publishers, 2000, p. 3

64 COVEY, Stephen. *First Thing First*. New York: Simon & Schuster, 1994, p. 75

65 MIEDANER, Talane. *Coach Yourself Sucess*. New York: McGraw Hill/Contemporary Books, 2000

66 SMITH Hyrum. *Ten Natural Laws of Successful Time and Life Management*. New York: Warner Books, 1994, p. 3

67 COVEY, R. Stephen. *Os 7 Hábitos das Pessoas Altamente Eficazes*. São Paulo: Bester Seller, 2000

68 WILSON, Larry. *Stop Selling, Star Partnering*. New York: John Wiley and Sons, 1995

69 QUINN, Robert E. *Change the World: How Ordinary People Can Accomplish Extraordinary Results*. San Francisco: Jossey-Bass Inc., 2000, p. 19

70 KING Jr. Martin Luther. citado em Brainyquote.com

71 CHISOLM, Shirley. citada na *Coleção de Citações Famosas* de Tawjihe.com

72 CANFIELD, Jack e HANSON, Mark. *Focus*. Deerfield Beach, Flórida: Health Communication, 2000

73 LEONARD, Thomas. Palestra em *Coachville Conference*, Las Vegas, NV, mar. 2002

74 NOUWEN, Henri J.M. *Reaching Out*. New York: Image Books/Doubleday, 1986, p. 52

75 PASCAL, Blaise. *The Pensees*. In: HOUSTON, James. *Mindy of Fire*. Minneapolis: Bethany House Publisher, 1997

76 KIERKEGAARD, Soren. *Provocations: The Spiritual Writting of Soren*. Farmington, Pensylvania: The Plough Publishing, 1999, p. 3

77 CHURCHILL, Winston. Citado em Brainyquote.com

78 SCHULLER, Robert. *Uma conversa*. In: HYBELLS, Bill. Leadership Conference Talk, 1994.

79 PHILLIPS, J.B. *Seu Deus é Pequeno Demais*. São Paulo: Mundo Cristão, 1989

80 OSWALD, Chambers. *My Utmost for His Highest*. New York: Dodd, Mead and Company, 1935

81 FRANKL, Victor. *Man's Search for Meaning*. New York: Washington Square Press, 1997

82 MUZIKOWSKI, Bob. Entrevista concedida a John Ortberg na Willow Creek Community Church, fev. 2002

83 SCOTT-CARTER, Cherie. Citado em *It Success is a Game, These Are the Rules*. New York: Broadway Books, 2000, p.7

Este livro foi composto por Idéia Dois Design,
em Arrus BT, com filmes fornecidos pela
MJ Serviços de Composição, e impresso pela OESP S/A,
em papel Off-set 75 g/m^2